LEONARDO OLTOLINA

Geliebte Camargue

ERIKA SCHÜLER VERLAG MÜNCHEN

Titel des Originals: **Splendida Camargue**
© 1983 - Editoria s.r.l. - Trento

CIP - Titelaufnahme der Deutschen Bibliothek
Geliebte Camargue von Leonardo Oltolina
Vorwort: Giovanni Arpino
Übersetzung: Dr. P. Fleischmann
1. Auflage - München: Schüler, 1988

Einheitssachtitel: Splendida Camargue
ISBN 3-925988-08-4

ISBN 3-925988-08-4
1. Auflage 1988
© Erika Schüler Verlag, München

Alle Rechte, auch die des
auszugsweisen Nachdruckes der
Texte und Bilder, vorbehalten.
Printed in Italy.

„MUTTER CAMARGUE",
Gedanken des italienischen Dichters Arpino

Wenn ein Dichter wie Giovanni Arpino über eine Landschaft schreibt, wenn diese Landschaft die Camargue ist, wenn der Dichter dazu ein Italiener ist, der für seine Sprache den melodischen Klang des Italienischen zur Verfügung hat, dann ist es für jeden Übersetzer eine kaum lösbare Aufgabe, diese Gedanken so in eine andere Sprache zu übertragen, daß einerseits der Sinn erhalten bleibt und andererseits die Poesie und die Melodie der Sprache nicht zerstört werden.

Giovanni Arpino hat die Camargue als Mutter empfunden, für ihn ist sie Anfang und Ende, ewiger Wechsel der Gezeiten, des Jahres, der Stimmungen, Werden und Vergehen in ständigem Rhythmus.

Er empfindet sie als Wiege der Welt, als Naturmuseum, als Ausgangs- und Endpunkt allen Lebens und das friedliche Nebeneinander der Tiere, die Sonne, die stetig und gleichbleibend wärmt und Leben spendet sind ihm dafür ein Beweis.

Er lädt ein zu Besinnung, Rückkehr zum Ursprünglichen, zu Ruhe und Nachdenken, über das Leben, die Welt, sich selbst und die Ruhe und Ursprünglichkeit der Camargue. Dieses naturbelassene Stück Erde bietet dazu die besten Voraussetzungen. Was ist der Mensch, so meint der Dichter, angesichts der Größe der Natur, ist er wirklich so wichtig, wenn man bedenkt, wie lange ein Menschenleben währt und wie lange dazu im Vergleich die Natur lebt?

Aus Respekt vor der Sprache des Dichters hat es der Herausgeber unterlassen, Giovanni Arpinos Gedanken zur Camargue zu übersetzen. Auch wenn man nicht des Italienischen kundig ist, vielleicht ist es die Melodik der Sprache, die ein wenig von dem weitergibt, was der Dichter damit zum Ausdruck bringen wollte.

MADRE CAMARGUE

È persino troppo facile dire che la Camargue è una briciola di mondo dove il mondo sa vivere e sorridere. Luogo salvato, luogo ancora libero dalle efferatezze contemporanee, la Camargue è una patria naturale, un ammonimento della natura, una lezione esistenziale.

Qui il cavallo pascola libero con altri cavalli, qui il toro gioca con altri tori, qui gli uccelli migratori sostano e si muovono, sicuri che la nobiltà dei loro atteggiamenti non verrà turbata da presenze o rumori estranei. Qui la flora dà i suoi esiti, vive le sue stagioni, muore e ricompare con regolarità millenaria.

Non v'è orologio che possa scandire i tempi della Camargue. È dai secoli di Ninive e di Babilonia, se non proprio da quelli dei dinosauri, che questo granello del pianeta ha un suo destino identico, perenne. I cicli dei secoli sono passati, ma il sale e il vento, la palude e l'albero, l'animale e il silenzio, l'acqua e la siccità possono ripetersi in Camargue come accadde nei primordi.

Un'eternità che vive nel presente è di per se stessa un monumento, anche se un passaggio in Camargue non va mai vissuto come una "visita". In effetti è un "ritorno" agli stati naturali dell'uomo, è un luogo di sosta dove ci si sente attorno il respiro delle età finite. Ma anche noi saremmo finiti e definitivamente morti all'impiedi, morti "che non sanno", se non capissimo. La poesia, talvolta, non sa dire tutto. Sa fabbricare parole e esprimere suoni superiori al tutto, ma nel baricentro della natura vi, è poesia diversa, suono diverso, ritmo ed equilibrio e necessità diversi. La Camargue offre questo ammonimento, che è acquatico, terragno, animale e floreale.

Il vero personaggio che occupa questa briciola di antico paradiso — e paradiso proprio perché terrestre, non immaginario — è il silenzio. La Camargue vive di silenzi, intervallati da brevi sussurri, fruscii, ruscellamenti, nitriti, deboli muggiti, lo strido di un volatile, il pungere aereo di una zanzara.

Bisogna sposare questo silenzio per entrare in Camargue. È l'unica legge. Poi bisogna procedere con passi leggeri, attenti non al semaforo ma alla crosta di un albero, prudenti non ad un incrocio stradale ma di fronte a uno spazio vuoto. Perché anche lo spazio vuote è Camargue. Qui il Creato e il Creatore vollero disegnare anche le assenze, non solo le ovvie presenze.

Museo naturale, caverna aperta alla botanica, crocevia di esperimentazioni, punto di approdi e di partenze, piazzale dove si salutano il rospo e il fenicottero, la Camargue è la culla di tutti i mondi dove fummo. Si è nati di lì, stentatamente, faticosamente, risalendo dalle acque, cacciando per sopravvivere, piangendo sotto tutte le stelle, adorando il sole del mattino. Siamo nati da tante Camargue, e questa rimane, con le sue favolose ammonizioni. Dice: non vado toccata, io sono tua madre e tua prigione, io sono il tuo stimolo e la tua sfida, io sono genitrice e schiava, la condizione in cui sei venuto al mondo e sono il mondo.

Esistono luoghi che ancora si sentono depositari delle leggi della vita. La Camargue è tra questi. È un granello del pianeta, ma è anche l'esempio del pianeta. Non si scopre granché con i telescopi puntati su altri mondi se non si afferra prima il segreto vitale di questo mondo. E la Camargue possiede tanto segreto. C'è. Vive. Muore e rinasce di stagione in stagione. Sa far vivere. Sa dimenticare l'uomo. Perché l'uomo, in natura, non è necessario come l'acqua, il gelo, il calore, il vento. L'uomo passa, il vento pur correndo resta e l'acqua pur ruscellando continua, rimane.

C'è anche un'altra Camargue. È il riflesso che la Camargue vera lascia in noi. È la verità che la natura si degna di rispecchiare in ognuno di noi. Ogni volta che butti un mozzicone per strada, pensa, tu uomo, alla sabbia, ai greti, al fogliame, alla pietra: sono o dovrebbero essere più tuoi del mozzicone che stai buttando. Ogni volta che ti senti solo, o uomo, tu uomo, pensa al grande silenzio che la natura ama e vive e cova. Qualche antico frate inventò il silenzio come regola: ma dovette copiarlo dalla natura. Il silenzio insegna. E il silenzio della Camargue è un proposito, un destino, un avvertimento, un traguardo.

Si può andare in molti ad attraversare la Camargue. Ma bisogna saper ritornare da soli. Bisogna saper trattenere dentro se stessi il momento di alta solitudine che la Camargue ti dona per avvertirti: non sei nient'altro che un Robinson Crusoe, tu uomo, anche se abiti nella più grande metropoli del mondo, non sei che un figlio di giungle e di acque, di cespugli e di arbusti, dove gli animali nobili abitano meglio di te, bipede infedele.

Madre Camargue sussurra ancora questo suo segreto editto. Chi ha il piacere di ascoltarla, non vivrà invano.

Giovanni Arpino

Warum ausgerechnet die Camargue? Diese Frage wurde mir immer wieder gestellt, wenn ich von meiner Fotosammlung über diese Landschaft erzählte. Meine Antwort war, daß die Camargue sehr verführerisch sei, sehr schön, doch in Wirklichkeit hätte ich dazu viel mehr sagen müssen. Aber hätte ich bei jeder Frage noch so umfassend und genau geantwortet, die Gespräche wären nicht nur zu lang geworden, sie wären auch immer unvollständig geblieben.

Die Camargue sieht man, fühlt man — in sich ganz innen. Ich, der Stadtmensch (ich bin Mailänder und lebe auch dort) fühle Erregung und Begeisterung, die diese, noch wilde Natur in mir weckt; Pferde und Stiere, die zwischen Land und Wasser frei herumlaufen, Vögel, die über das Schilfrohr fliegen, von der Sonne vergoldet, vom Wind bewegt. Diese intensive Helligkeit, das Blau der Teiche, die flammenden Sonnenuntergänge, das alles sind nur einige stimmungsvolle Elemente dieses Naturparkes.

Die Camargue hat mich geprägt. Durch ihre Weite, ihr Schweigen, ihre Farben und ihr Licht. In den Bildern habe ich versucht, meine Empfindungen auszudrücken. Doch während meiner Arbeit mußte ich immer eine Art von Euphorie bezwingen, die die Umgebung in mir aufsteigen ließ. Es kommt einem begeisternden Freiheitsgefühl gleich, sich inmitten dieser Natur zu bewegen.

Die Camargue, der Landstrich zwischen der großen und der kleinen Rhône, hat eine besondere Atmosphäre, viel Charakteristisches. Trotzdem erscheint sie einem immer wieder anders. Hier habe ich fotografiert und versucht, wenn ich Naturbilder aufnehmen wollte, dem großen Touristenstrom auszuweichen, um in Stille und Einsamkeit arbeiten zu können. Der Mistral, jener für die Camargue typische, starke Wind, brachte eine Reihe von Problemen. Er wehte fast immer, wenn ich dort war, und es war dann nicht leicht, die Kamera richtig zu halten. Auch das Stativ konnte nicht eingesetzt werden. Viel Geduld war nötig, denn ich wollte die Tiere in ungestörter Harmonie zeigen, und das erforderte mitunter langes Warten.

Ich habe alle Bilder ohne Filter und ohne Blitzlicht gemacht. Die Veränderung der Wirklichkeit durch technische Hilfsmittel wäre für mich eine Beleidigung von soviel Schönheit gewesen ... Ich habe alle diese Bilder gesammelt, und meine Absicht war, festzuhalten und zu zeigen, was mir die Camargue gegeben hat.

Daß dies, wenigstens teilweise, gelungen sein möge, würde ich wünschen.

Leonardo Oltolina

1. Natur

Über die Landschaft der Camargue wurde schon viel geschrieben. Dichter sahen das Poetische dieses vielfältigen Fleckens Erde, Botaniker begeisterten sich an einer Pflanzenwelt unberührter Fülle und wo es noch seltene Raritäten gibt, die den Wissenschaftler begeistern, weil gerade die in seinen Aufzeichnungen noch gefehlt haben.

Geologen sind von der Landschaft fasziniert, die wechselt, von Dünen, die ein Wind hergeweht hat, von unergründlichen Mooren, vom Meer, seinen Gezeiten und seine Einwirkungen auf die Formation der Landschaft.

Maler und Fotografen werden von den Farben angezogen, dem intensiven Orange eines Sonnenunterganges, wo das Land zu brennen scheint, vom leicht wäßrigen Blau des Himmels, von den gebrochenen Farbtönen des Schilfgrases, das aus weißem Sand wuchert, von den rostbraun verfärbten Herbstgräsern, die in dicken Polstern um Teiche wuchern, deren klares Waser vom ewigen Wind gekräuselt wird.

Bizarr verformte Bäume, die sich dem Mistral gebeugt haben, stille Wasseradern, sanfte Ufer mit knorrigen Weiden, die zum Verweilen einladen.

Die Schönheit der Landschaft liegt im Detail. Hier Schilf, das gelb einen Teich einsäumt, dort eine Baumgruppe, die sich wie eine Grafik gegen den Himmel abhebt, Kleinigkeiten, doch jede für sich eine Kostbarkeit, etwas Einmaliges, das nur dann entstehen kann, wenn man der Natur freien Lauf läßt und sie weder durch Technik noch andere Einflüsse verfremdet.

2. Pferde und Stiere

Die wilden Pferde der Camargue, Freiheit, wie man sie nur mehr aus Abenteuerbüchern kennt, Büchern, die von der unendlichen Weite schwärmen, der Ungebundenheit, dem Einssein mit der Natur, Bücher, die etwas beschreiben, was es eigentlich nirgends mehr gibt, nur noch in der Camargue.

Sie leben in Freiheit, die wilden Pferde, sie sind scheu, schnell, sind wachsam, es gehört Geduld dazu, Zeit und Ruhe, wenn man sie beobachten möchte. Die Mühe wird belohnt, stolz, hoch aufgerichtet, ohne Zaumzeug und Geschirr, stehen die eleganten Tiere da, hier sind sie zu Hause, hier ist ihr Lebensraum, niemand hat hier ein Recht zu leben, außer ihnen. Wo gibt es das noch ein zweites Mal?

Oder die Stiere, dunkel, schwer, massig trotten sie in der Herde und die Erde dröhnt dumpf unter den Hufen der mächtigen Tiere. Nichts von der dumpfen Trägheit eines Zuchtstieres, der preisgekrönt in irgendeinem landwirtschaftlichen Mustergut vor sich hin vegetiert, ausgenützt nur für das eine, wofür er gehalten wird. Es tut nicht gut, wenn der Mensch ins Gefüge der Natur eingreift, es mag ja zweckmäßig sein und die Vernunft mag da recht geben, aber wird man der Kreatur Tier auch gerecht, ist nicht auch sie ein Teil der Schöpfung, die eigentlich respektiert werden sollte?

Die schwarzen Stiere der Camargue, sie verkörpern eine andere Welt, vielleicht eine bessere, wer wagt es zu behaupten, eine natürlichere, vielleicht, für die Stiere jedenfalls mit Sicherheit, genauso wie für die wilden Pferde.

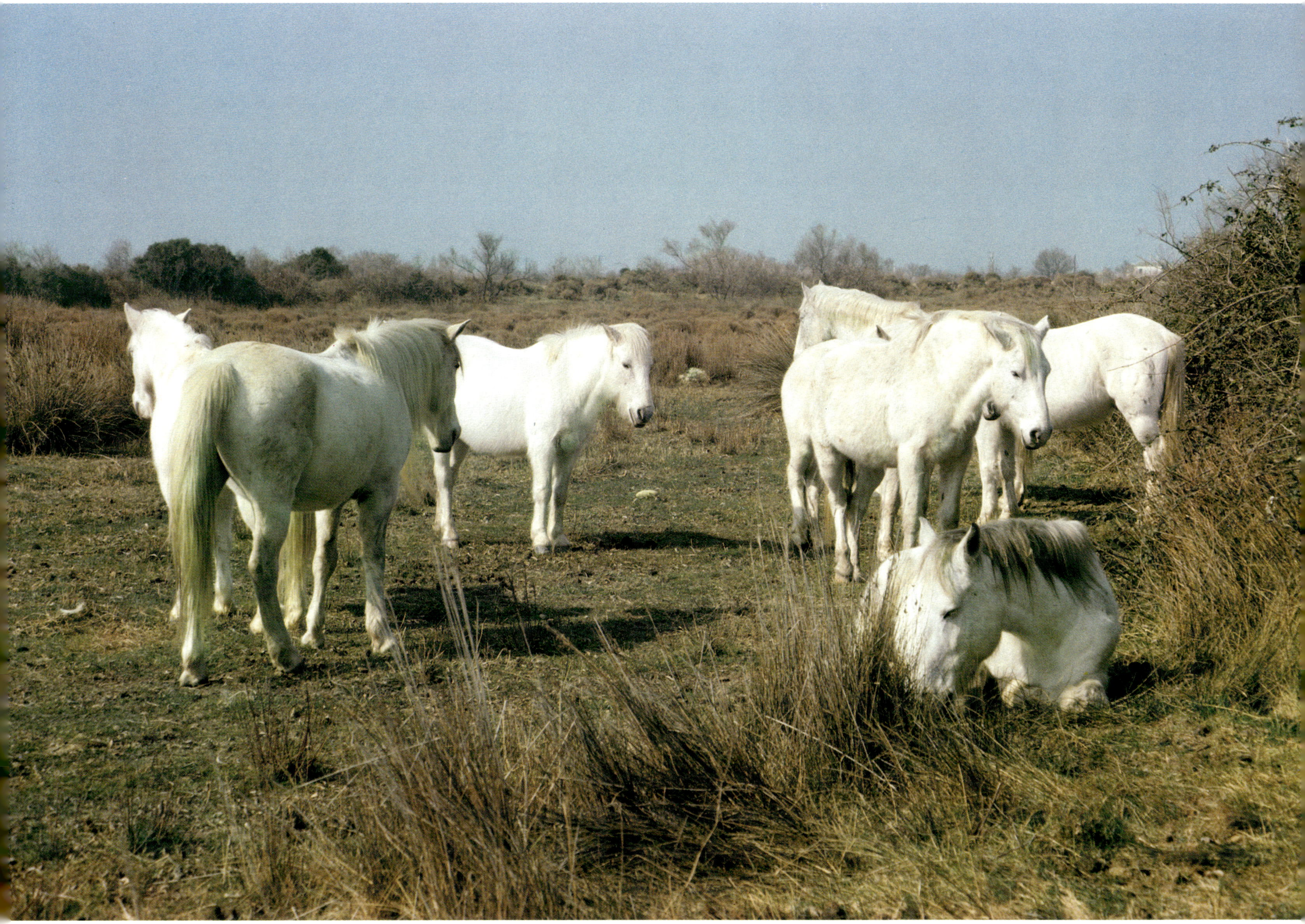

25

26

27

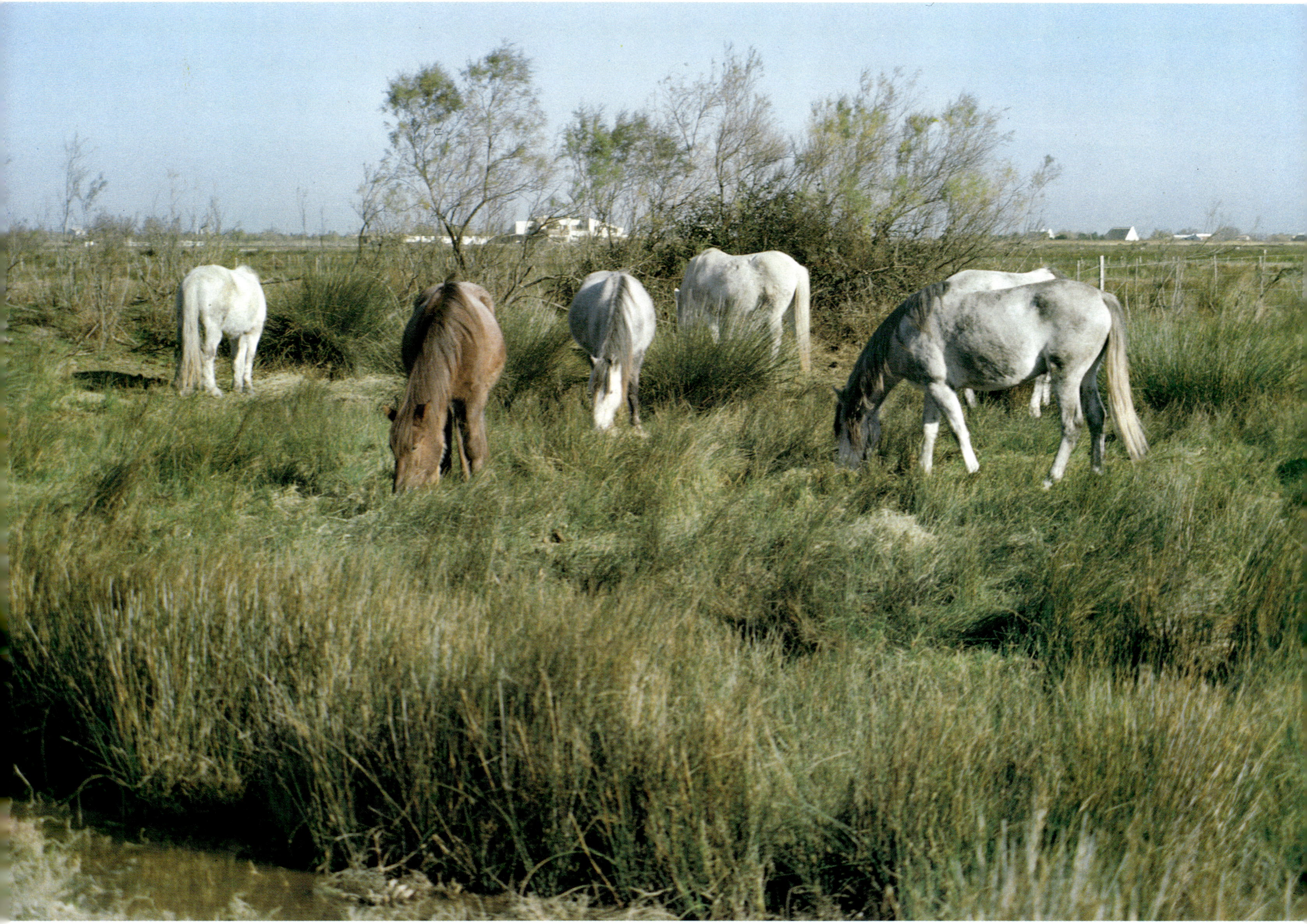

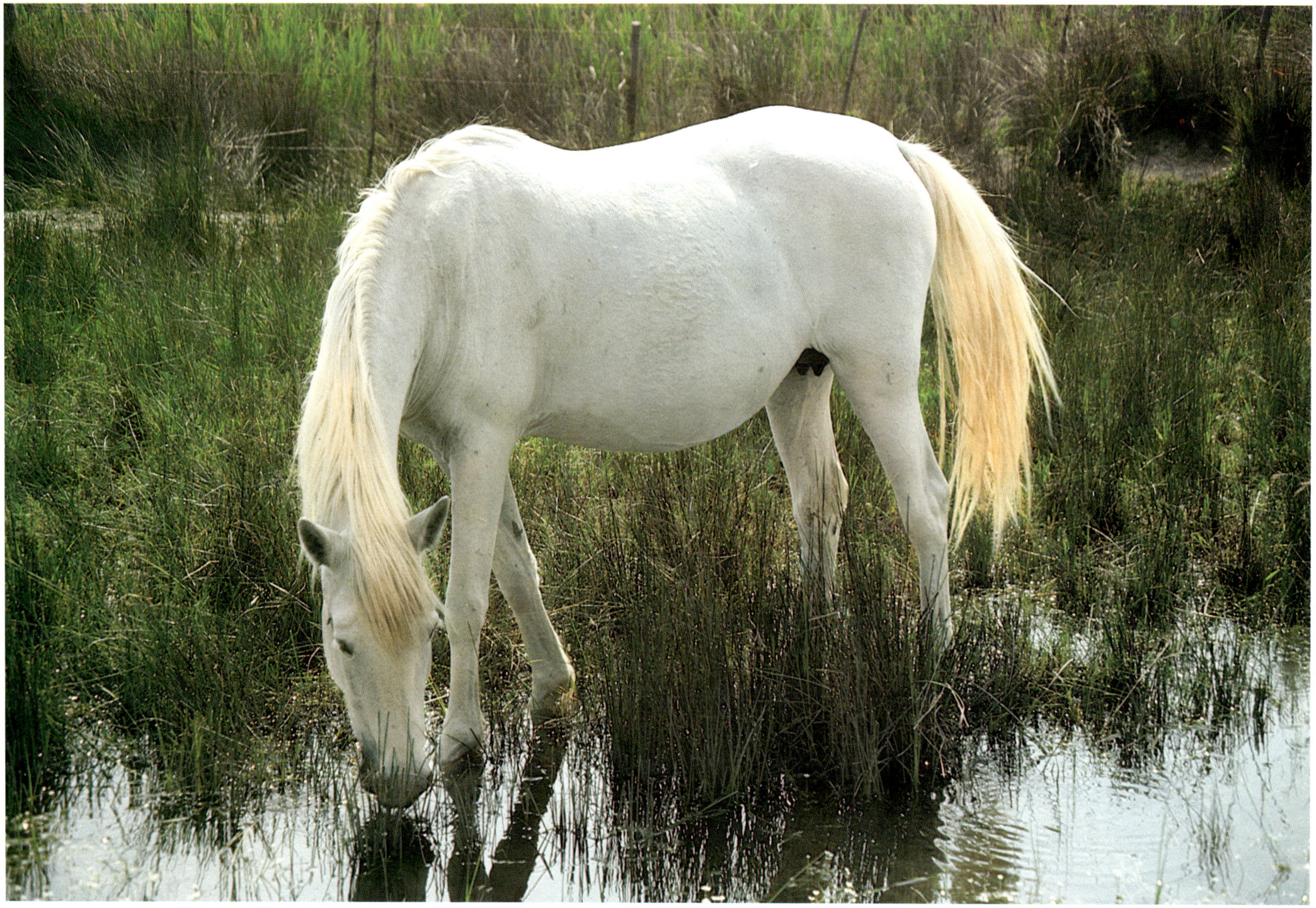

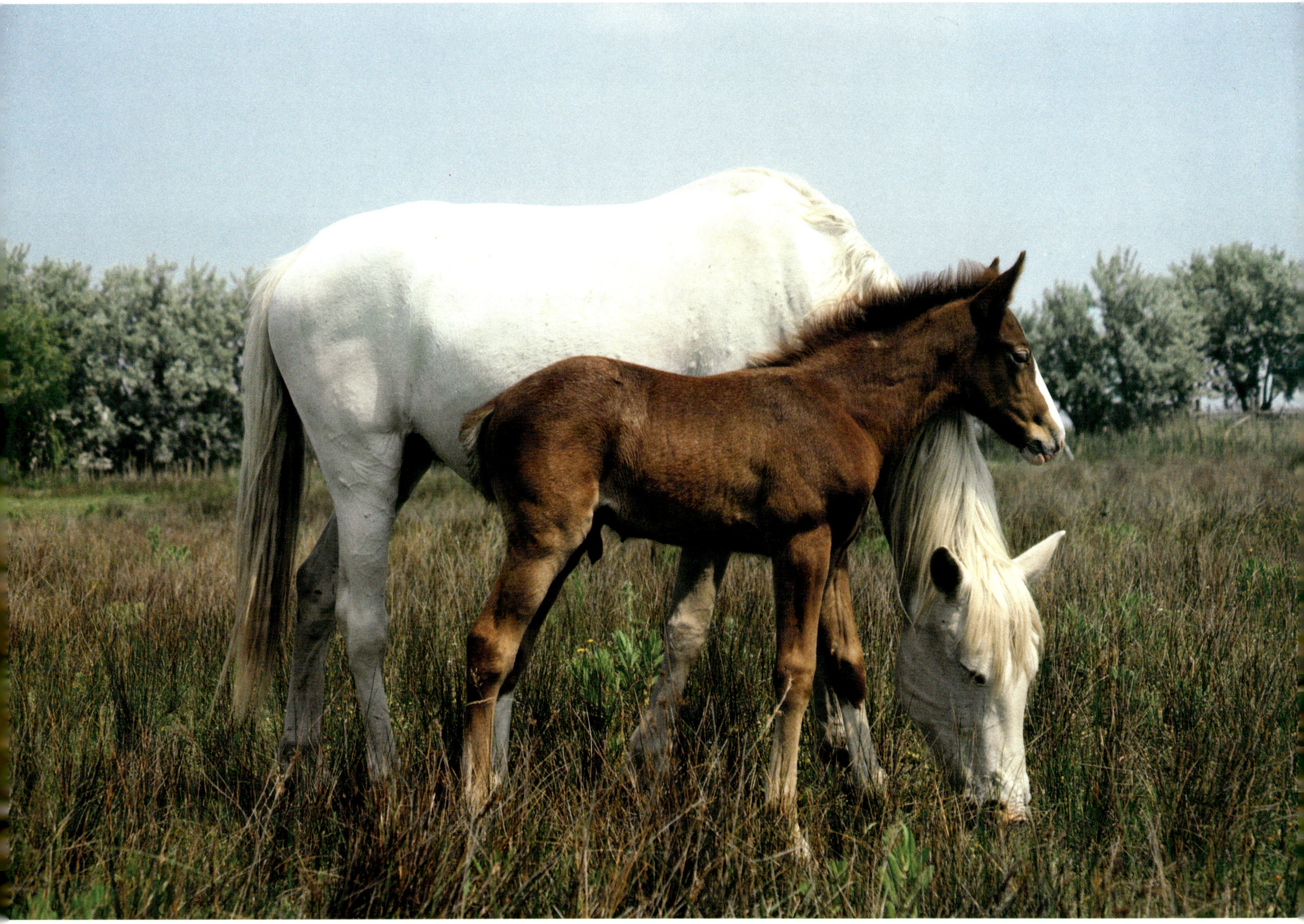

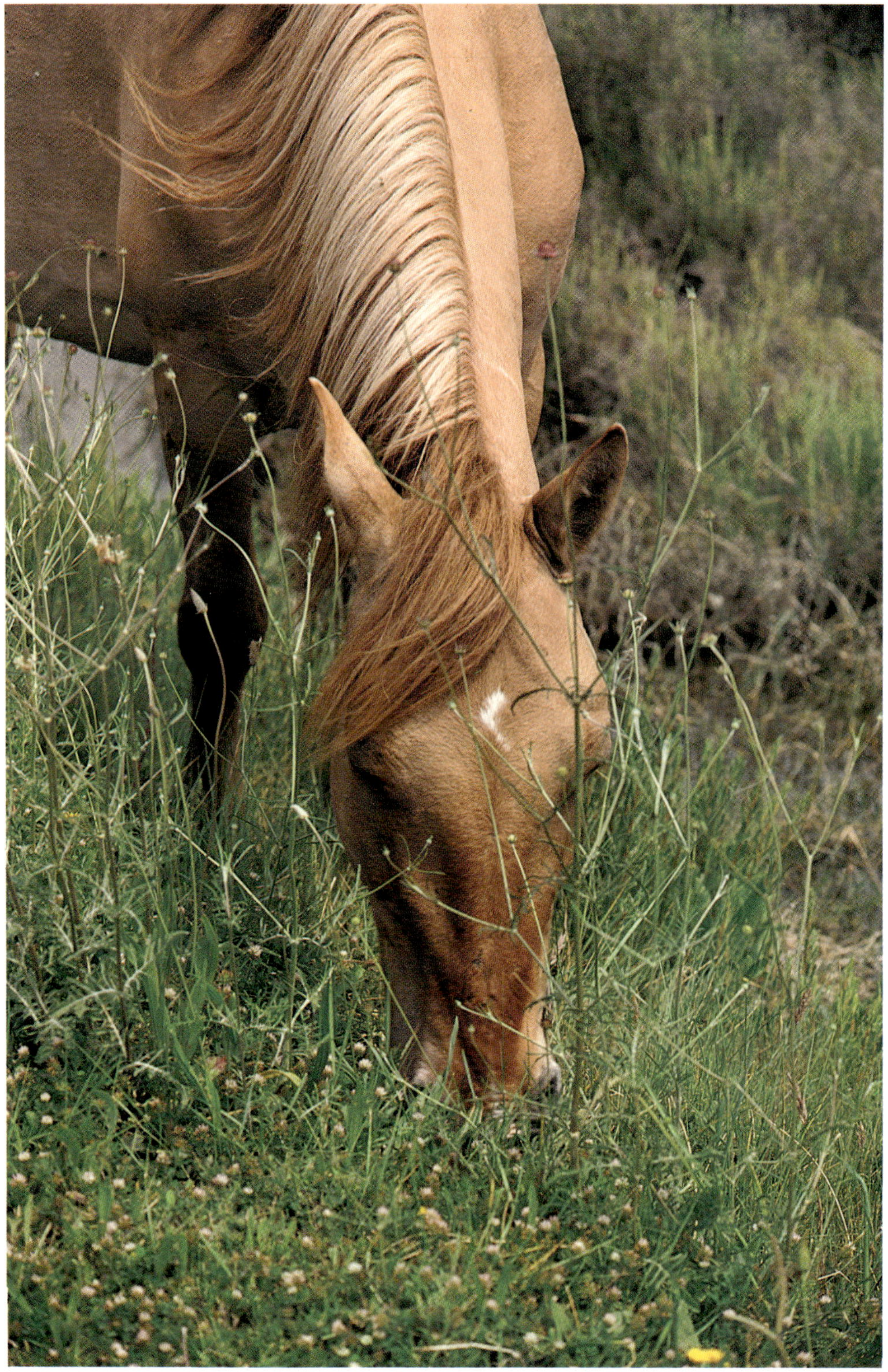

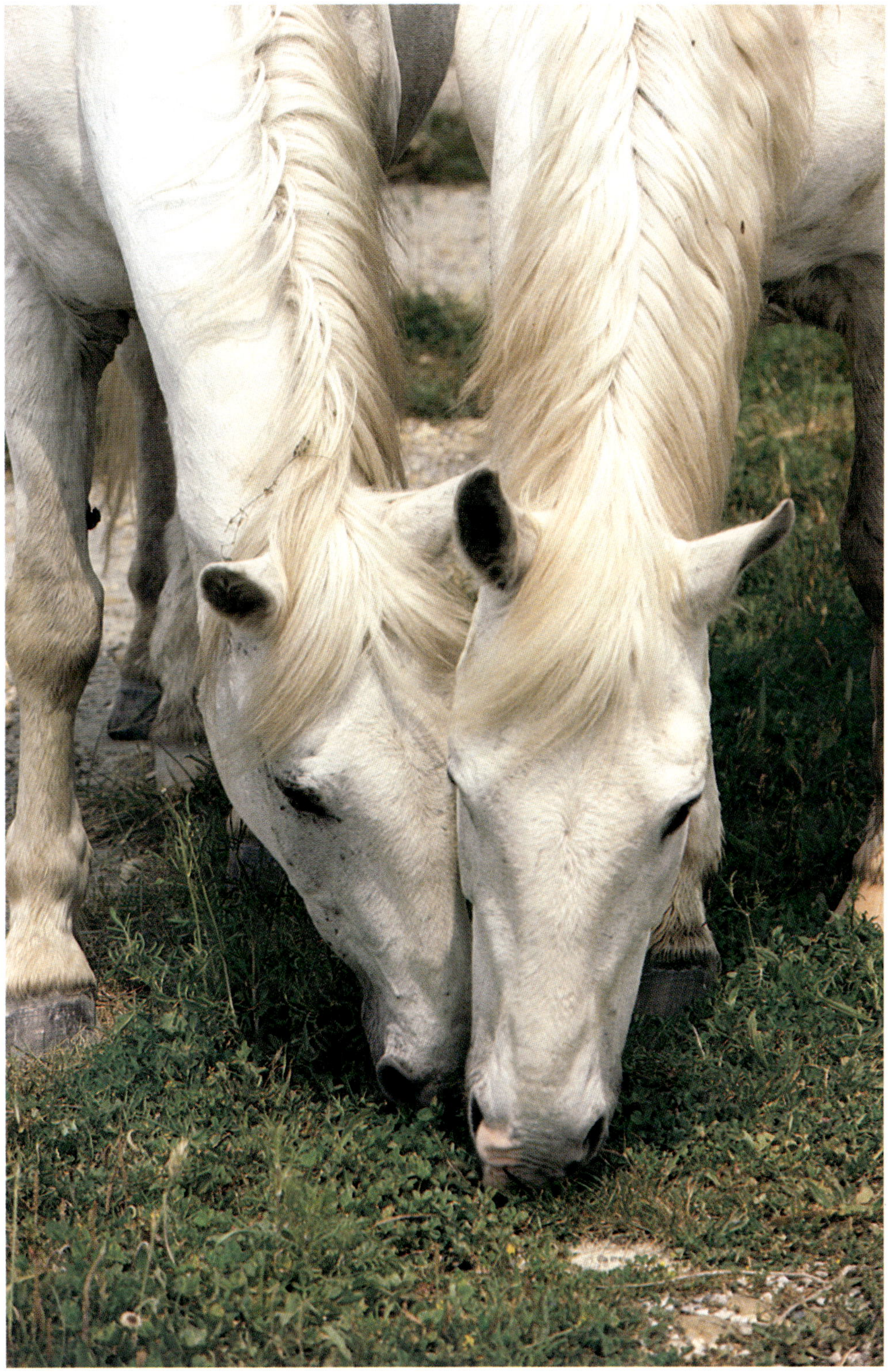

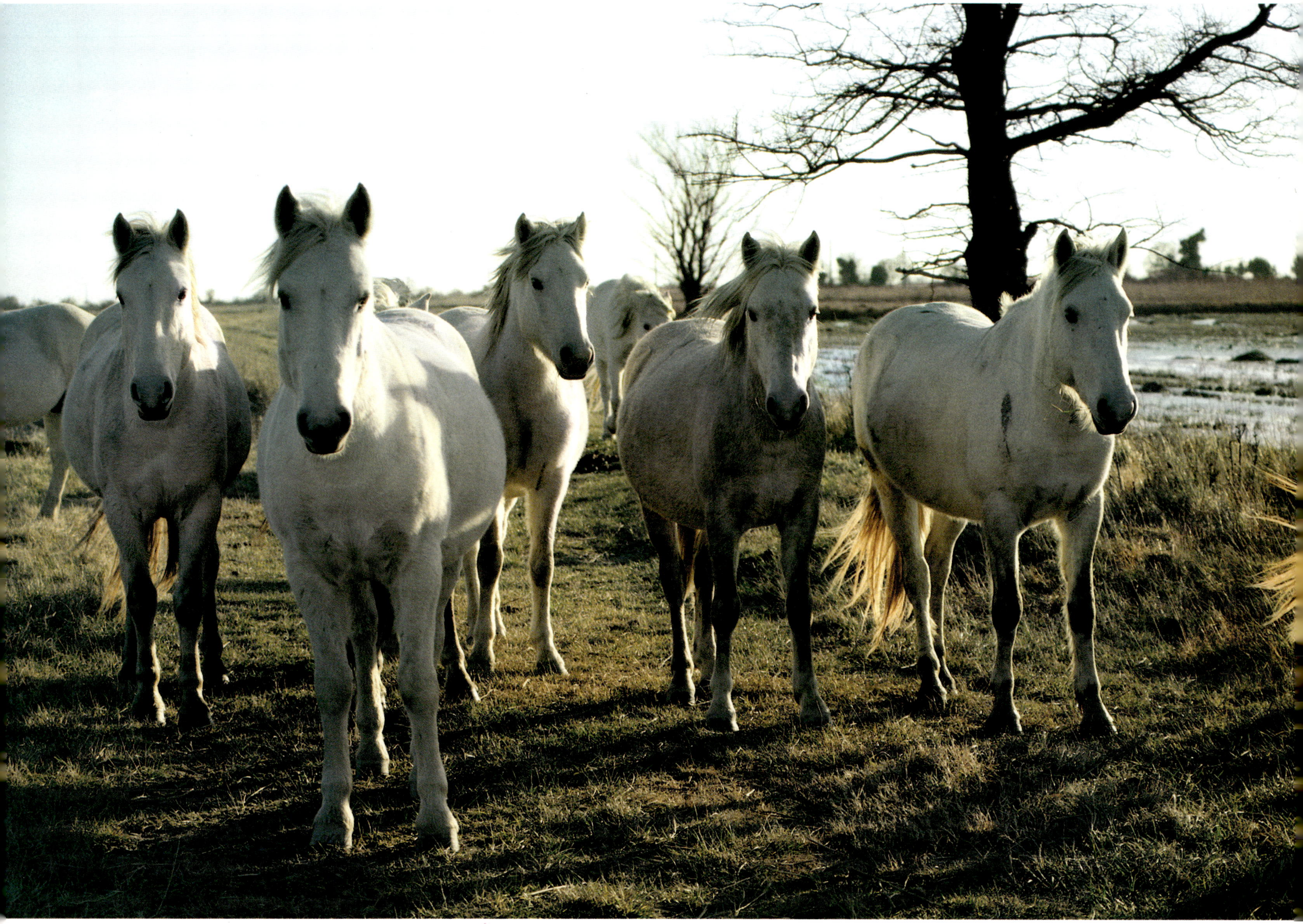

34

35

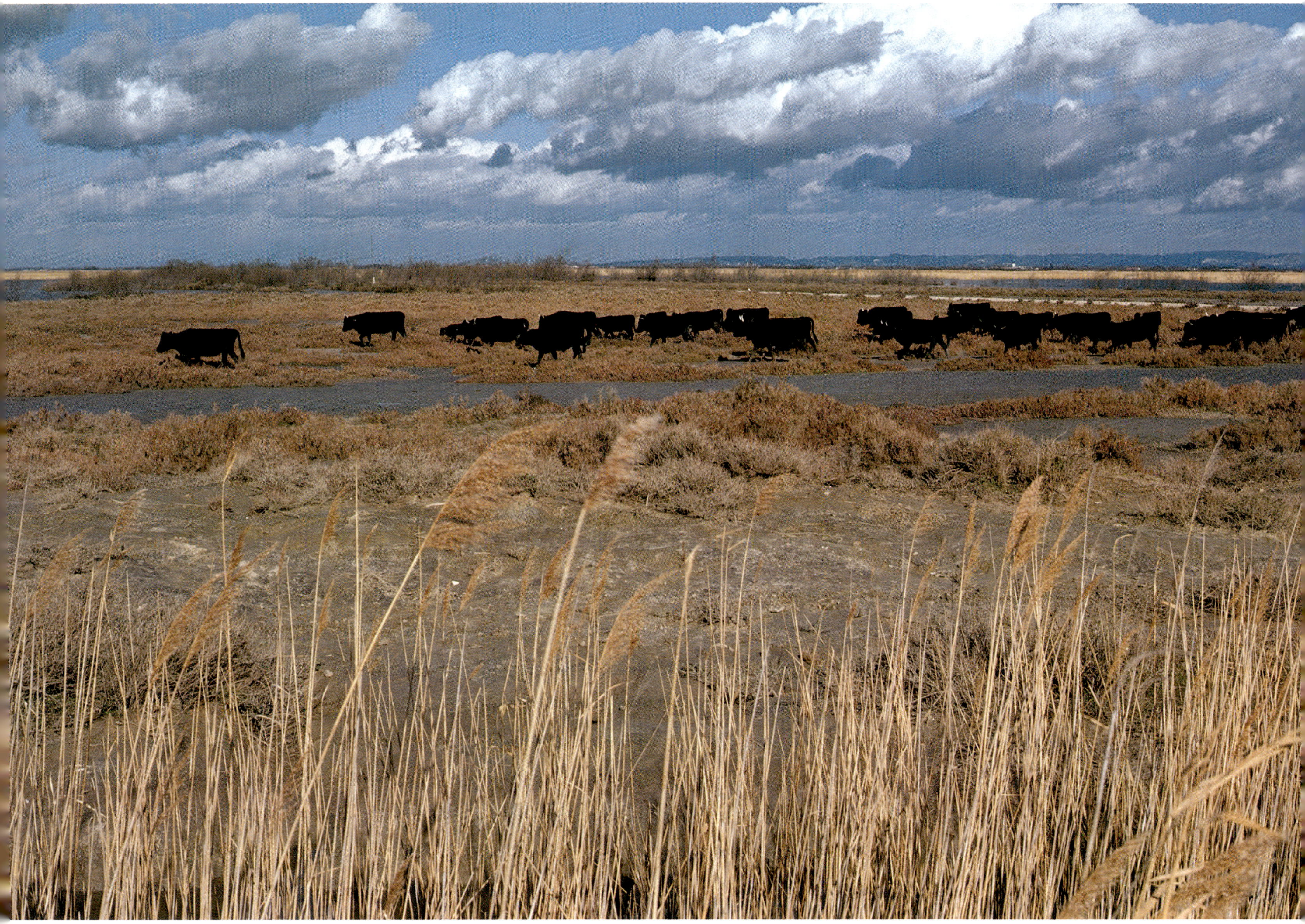

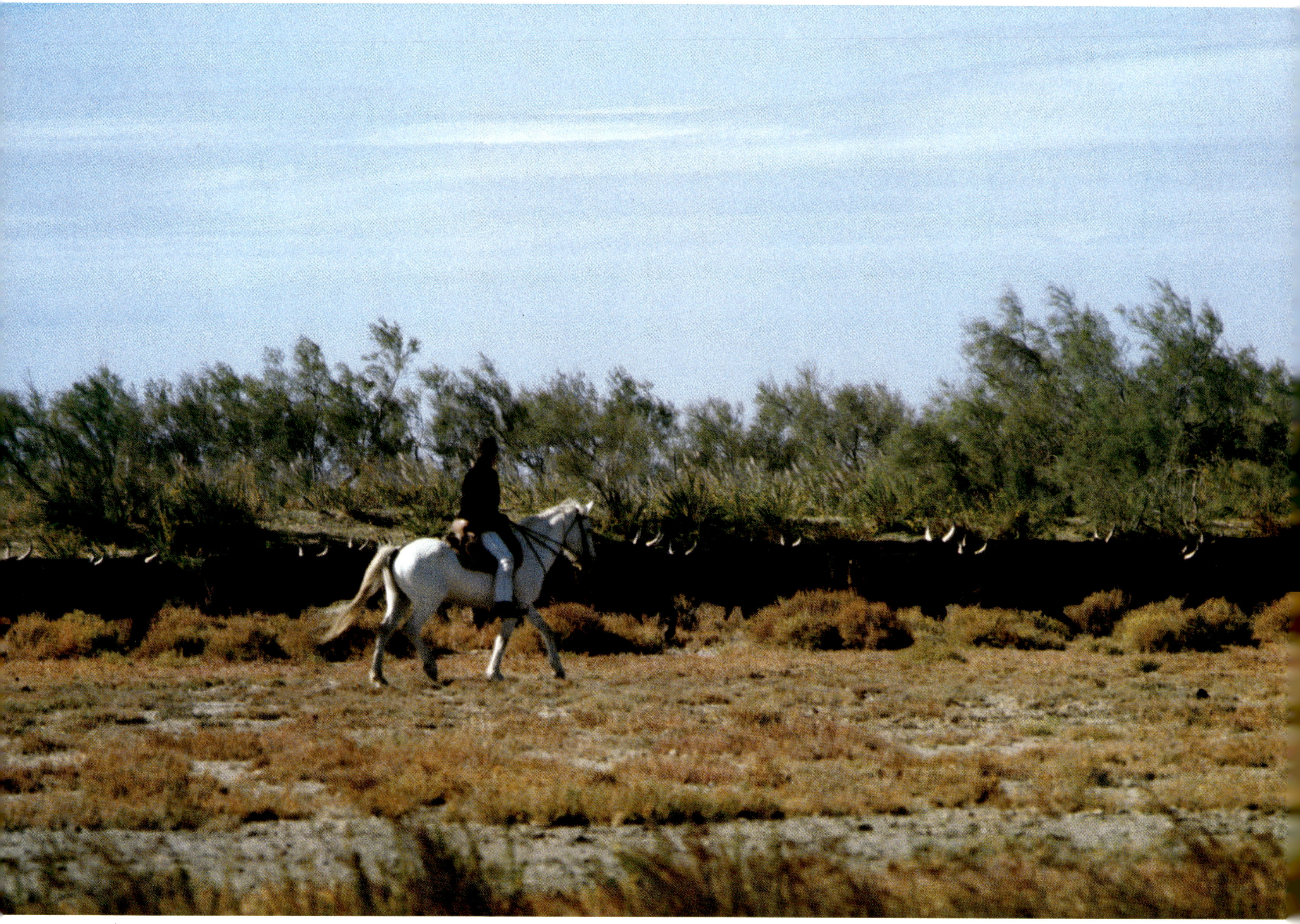

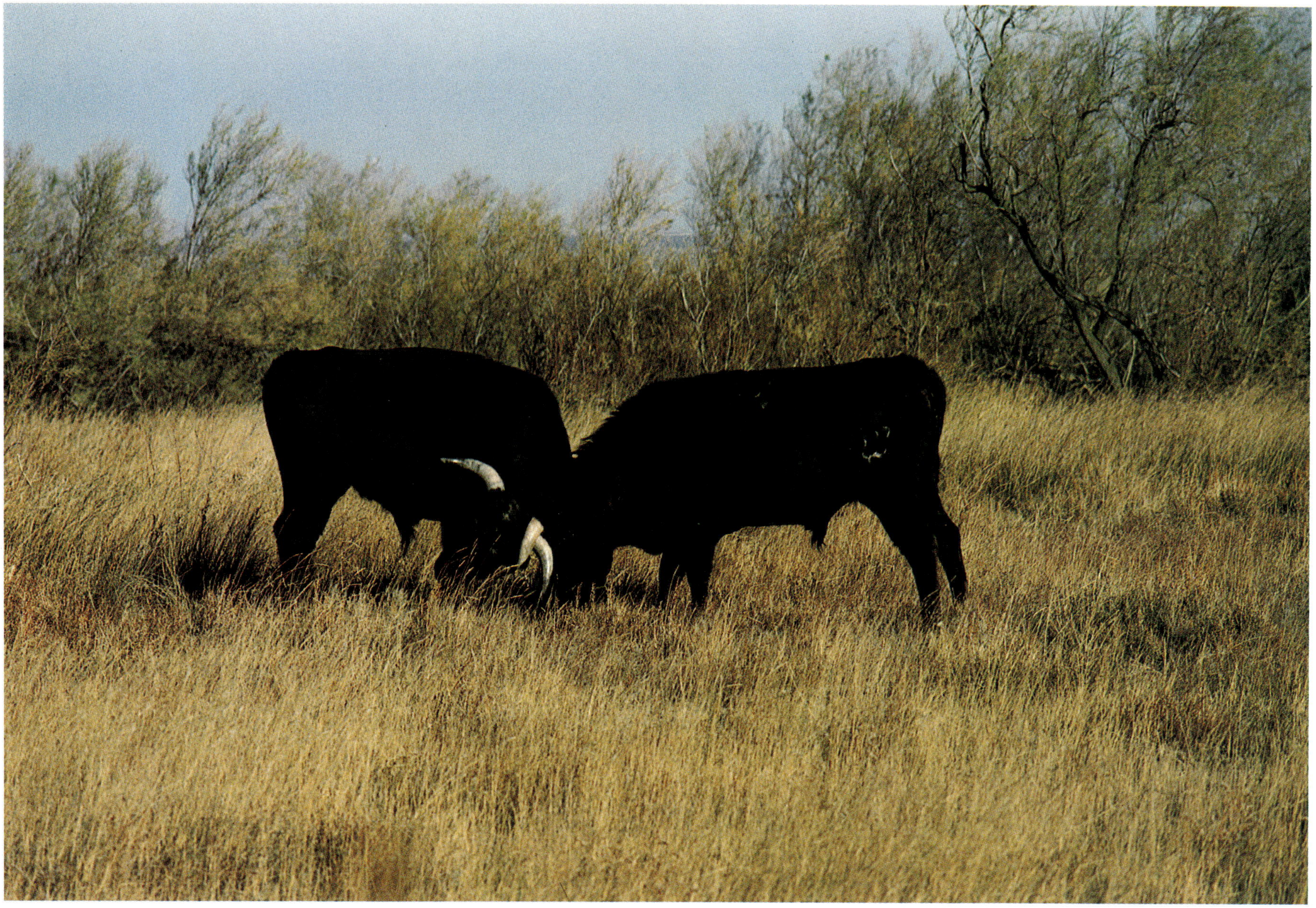

38

39

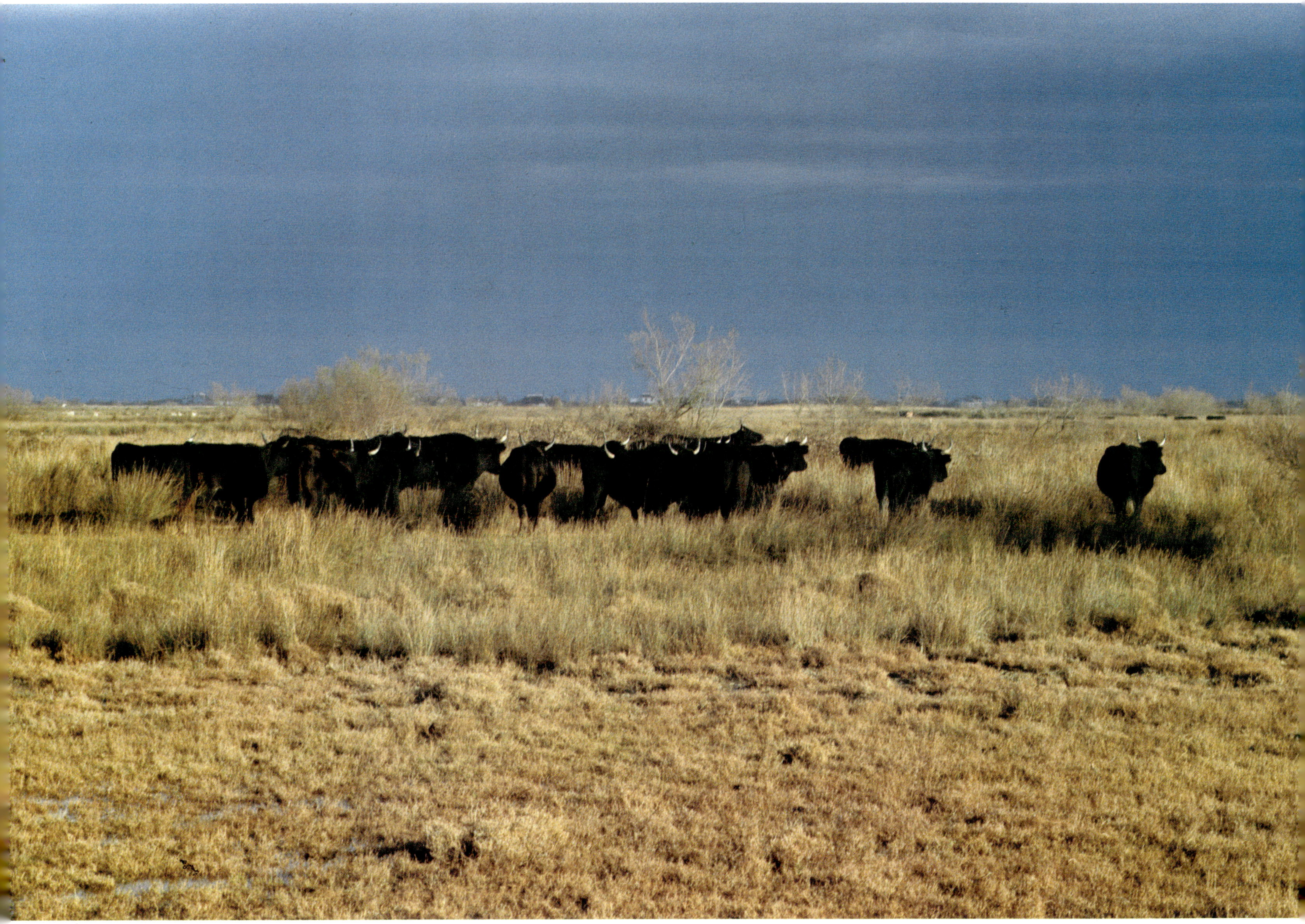

41

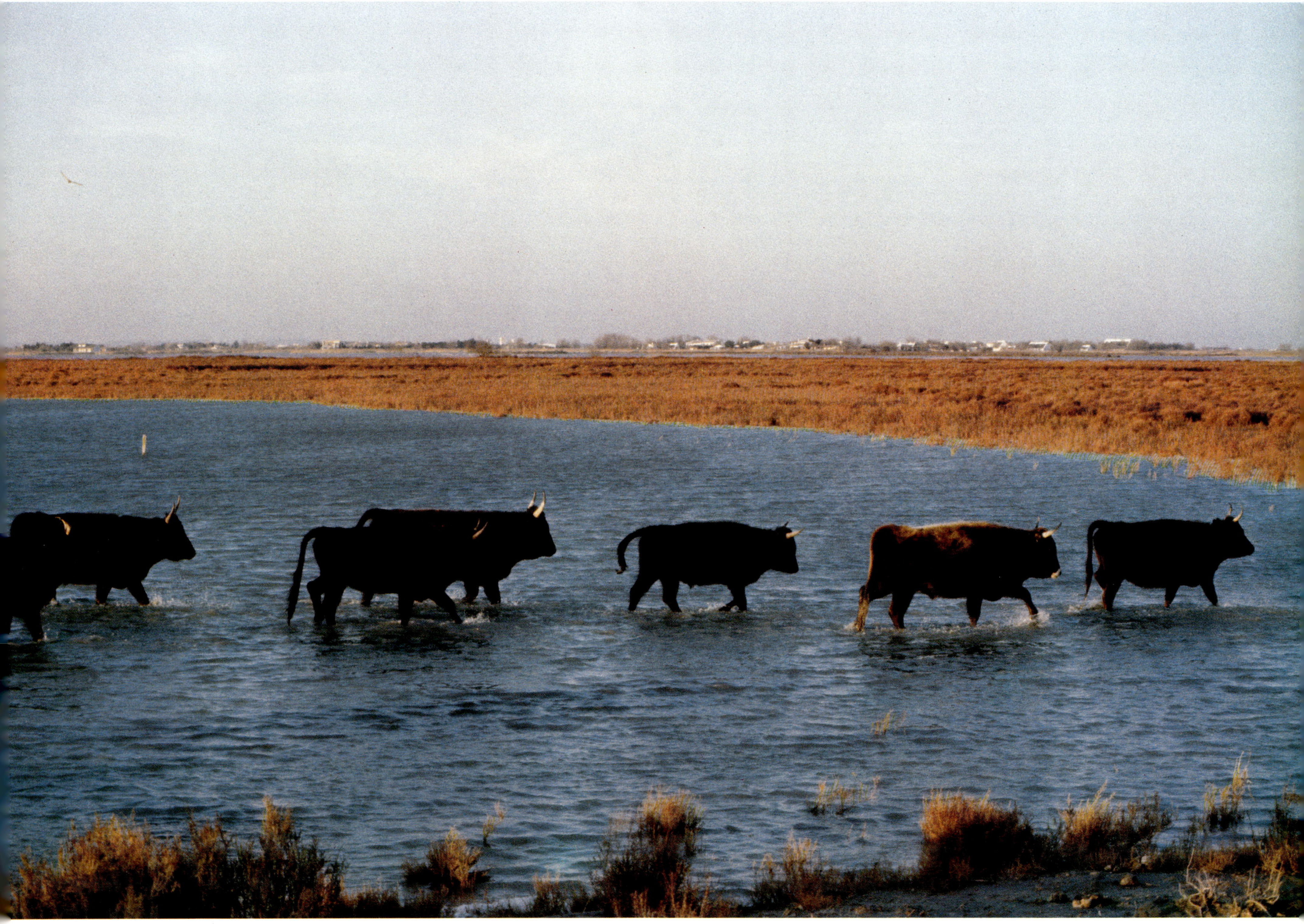

3. Vögel

Ein Schwarm weißer Möwen wirft sich in den Himmel, Hunderte von Schwingen knarren leicht in der Luft, in elegantem Sturz gleiten sie nieder, bis zum Wasser und die Geschicktesten unter ihnen erhaschen den schnellen Fisch.

Flamingos, elegant steht die Gruppe am Ufer, fast wie Ballerinen stelzen sie geziert durch das hohe Gras, bis sich einige von ihnen in den Himmel erheben und in gestrecktem Flug am Horizont verschwinden.

Eine Entenfamilie schwimmt lautlos dahin, das Gefieder schillert in der Sonne, ein Silberreiher versteckt sich im Schilf und wieder Flamingos, zartrosa hebt sich der Körper vom Blau des Wassers ab.

Ein stilles, friedliches Bild, auch das ist die Camargue. Vogelparadies nennen es Zoologen; das letzte Paradies auf Erden, sagen Theologen, und die Menschen, die hierher kommen, um eben dieses letzte irdische Paradies zu erleben, müssen Lärm, Hast und Gehetze beiseite lassen, denn sonst bleibt ihnen das Erleben einer heilen Tierwelt verschlossen.

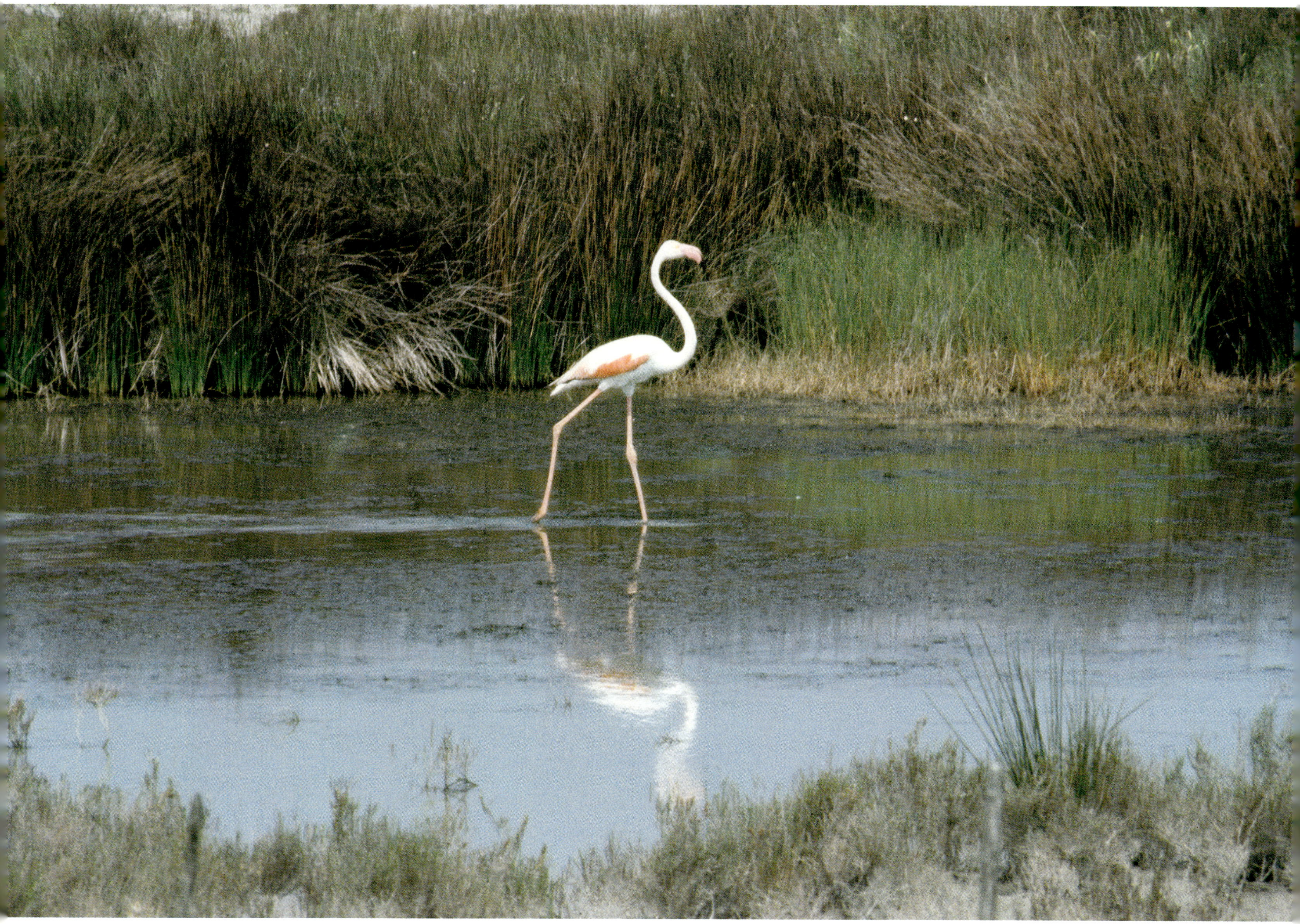

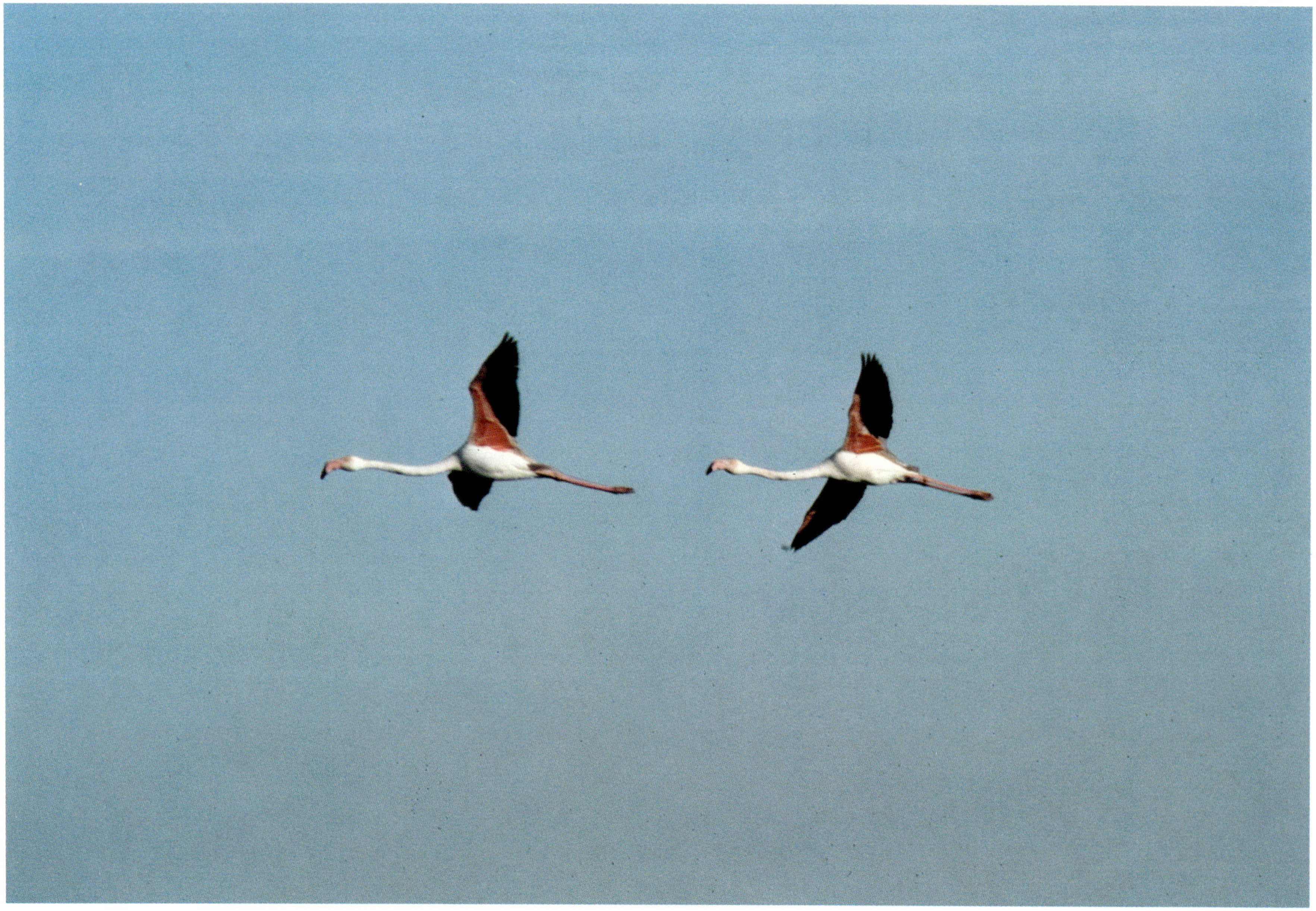

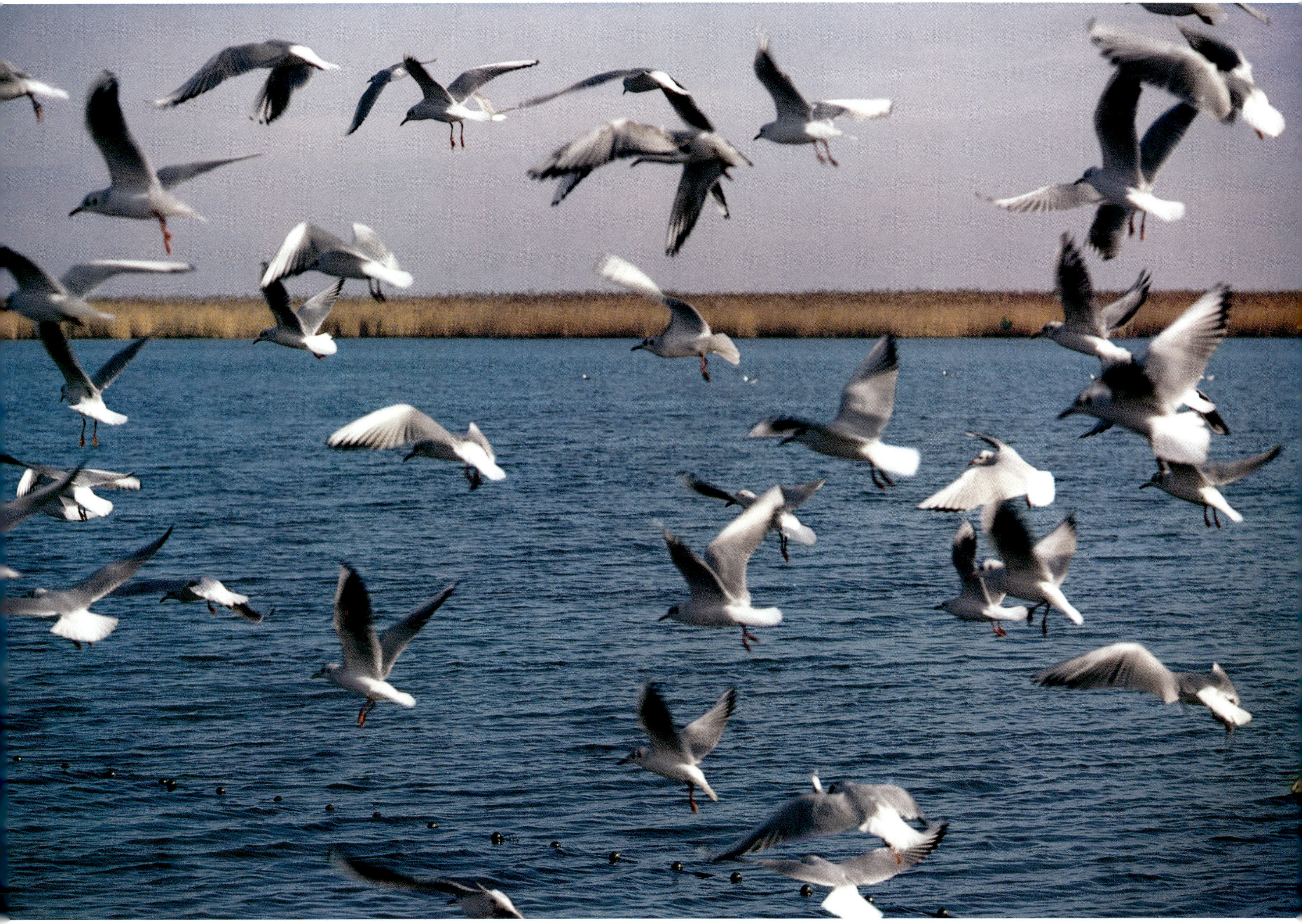

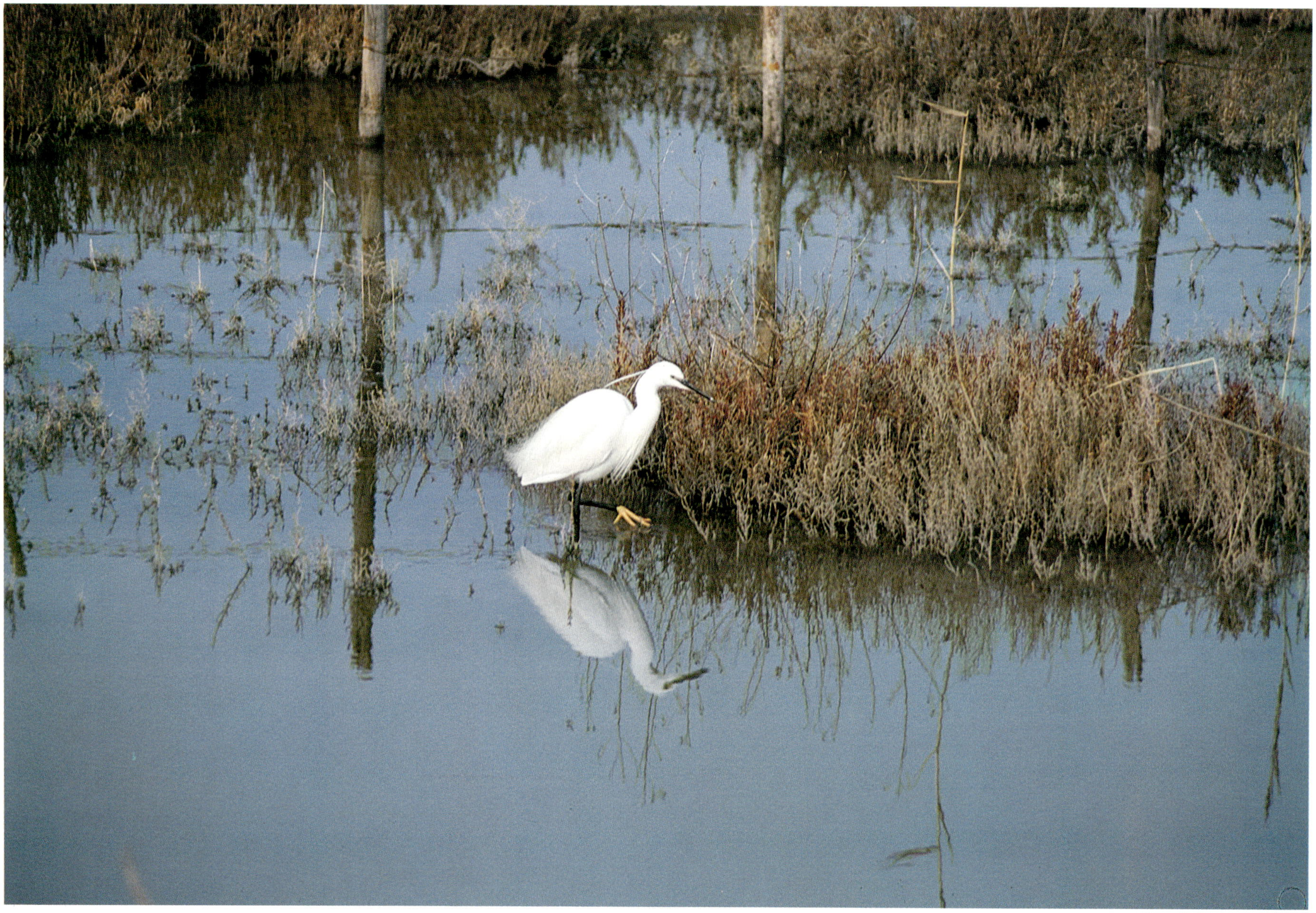

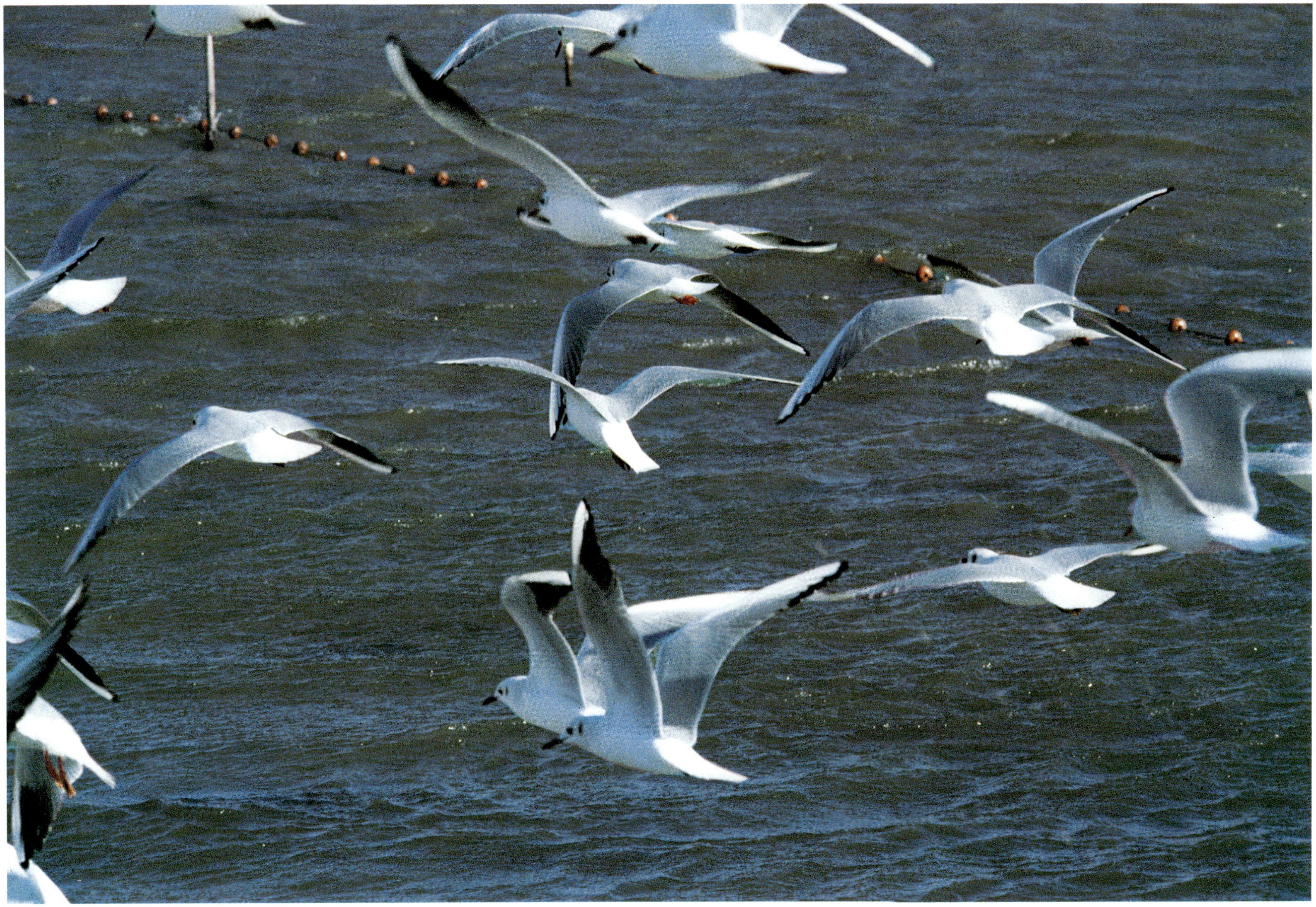

48

49

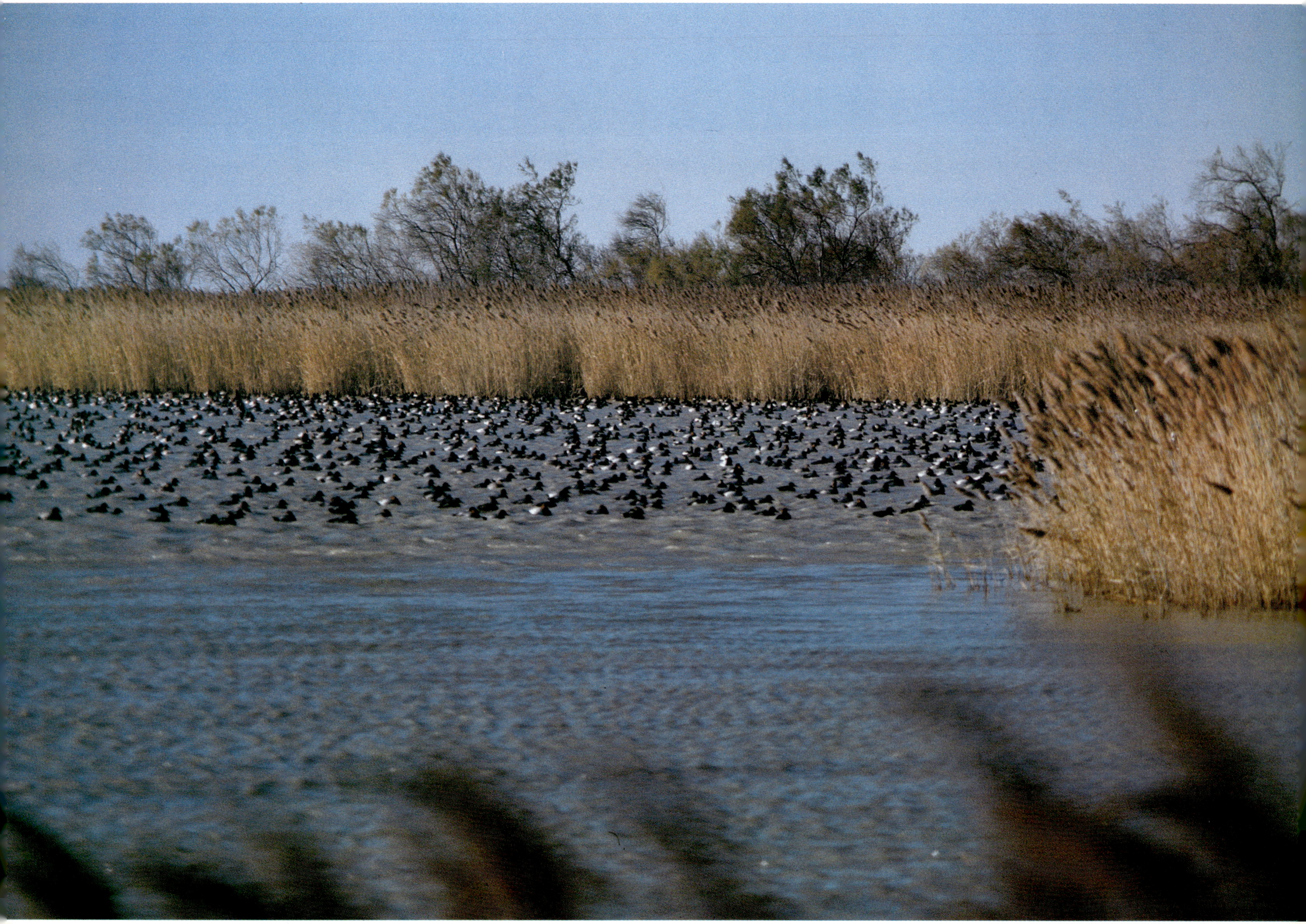

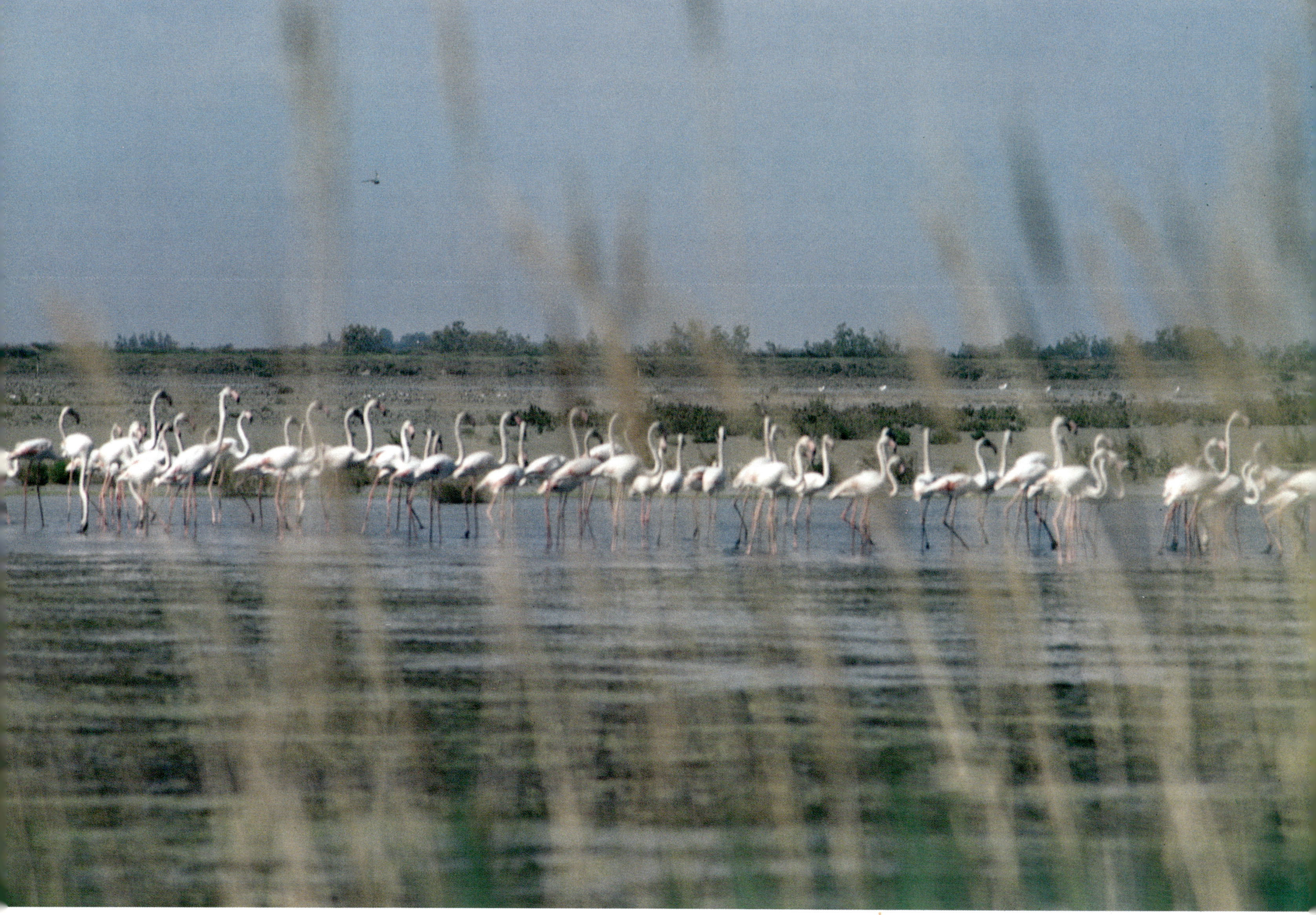

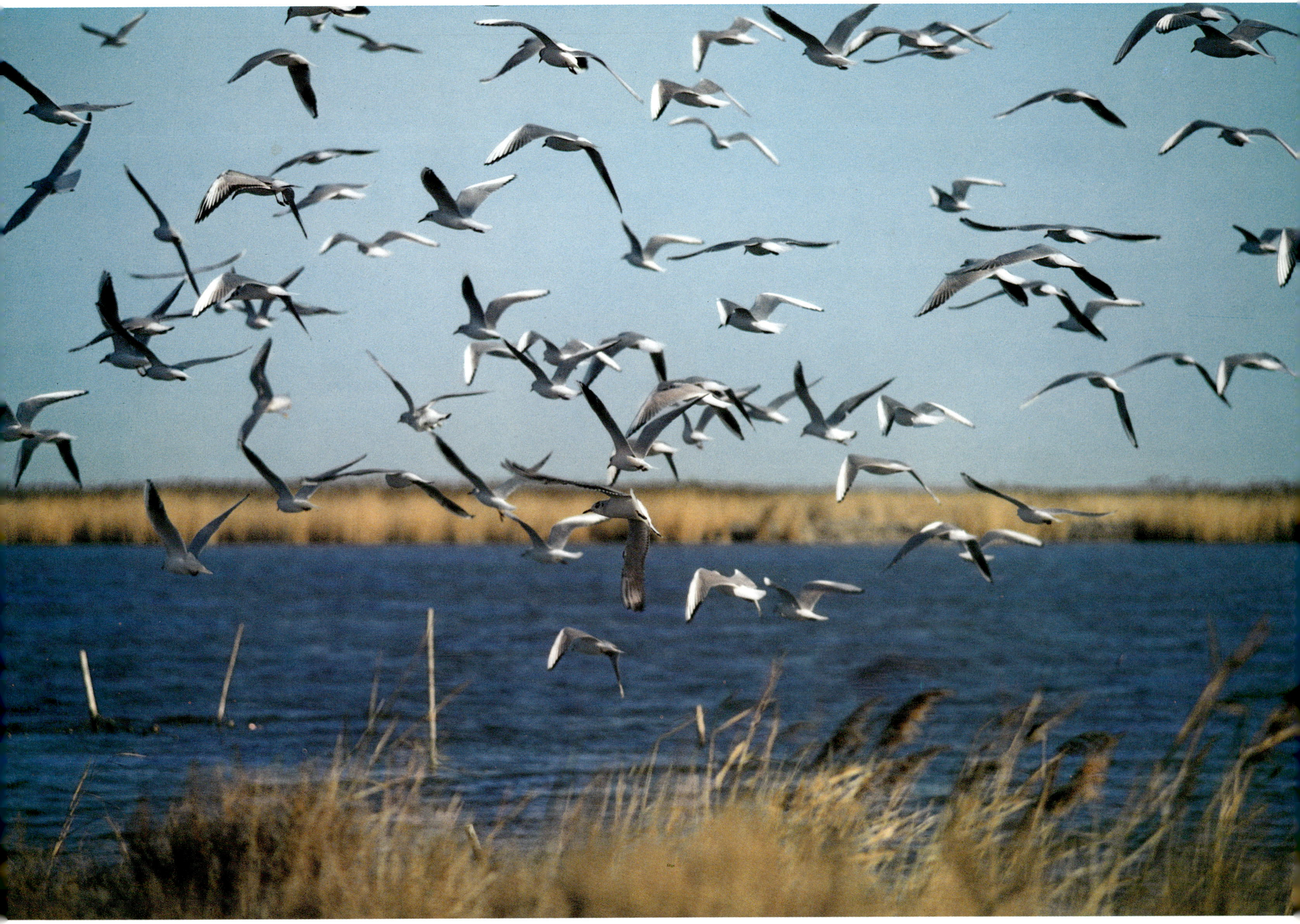

53

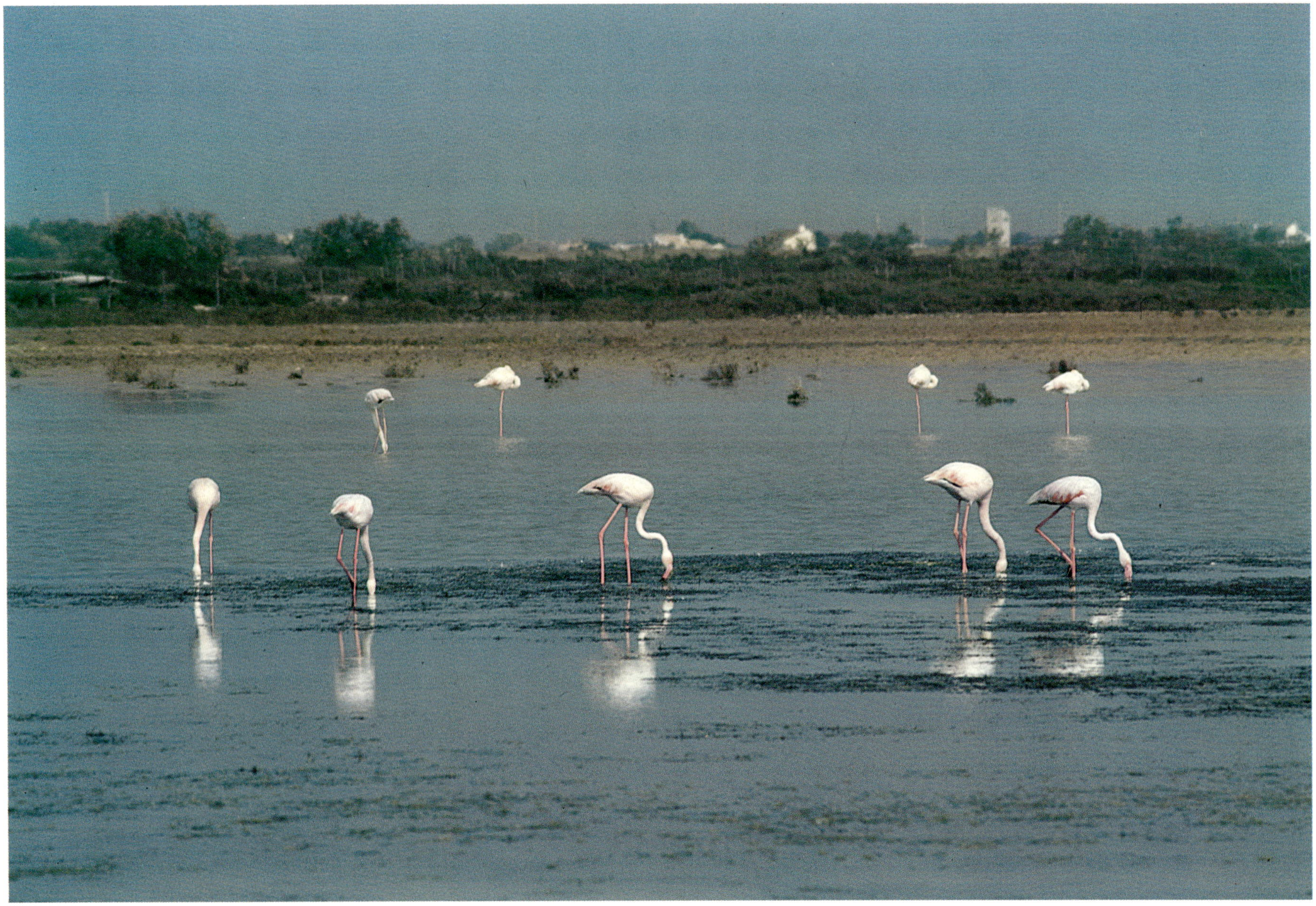

55

Es ist modern geworden, vom ganz einfachen Leben auf dem Land zu schwärmen. Wo alle Zivilisation zurückbleibt, wo nur Land, Jahreszeit, Wetter und harte Arbeit zählen. Wo die Natur den Tageslauf bestimmt und der Mensch wieder zurückfindet zum ursprünglichen Sinn des Daseins.

Das hört sich wunderschön an, romantisch und wirklichkeitsfern. Die realen Tatsachen sind anders. Von fast biblischer Einfachheit das Bild vom Fischer, der mit seinem kleinen Boot unterwegs ist und die Netze auslegt.

Malerisch die Reusen und Netze mit den bunten Markierungskugeln, ein Bild friedlicher Stille, Fischernetze, die zum Trocknen ausgehängt sind. Eine Schafherde, der Schäfer, der mit seinem Hund spielt, ein alttestamentarisches Idyll.

Weinreben, uralt, die sich im Wasser spiegeln, ein uraltes bewährtes Bewässerungssystem, das sie vor dem Vertrocknen bewahrt. Schön ist das, unberührt, nostalgisch, hier sollte man leben, hier würde man die wahren Lebenswerte erkennen, hier müßte es leicht sein, den Sinn des Daseins zu entdecken.

Ob die Bauern der Camargue, die den kargen Boden beackern, die morgens hinausfahren, um zu fischen, die die Schafherden betreuen und die Weinreben schneiden, derselben Ansicht sind? Träumen, schwärmen und die reale Wirklichkeit sind zweierlei. Doch, so heißt es, ehrliche Arbeit macht zufrieden. Das Leben mit der Natur, mit ihr auf Du und Du zu stehen, befreit. Fragt sich nur, ob man soviel Freiheit auch gewachsen wäre?

4. Fischerei, Viehzucht, Ackerbau

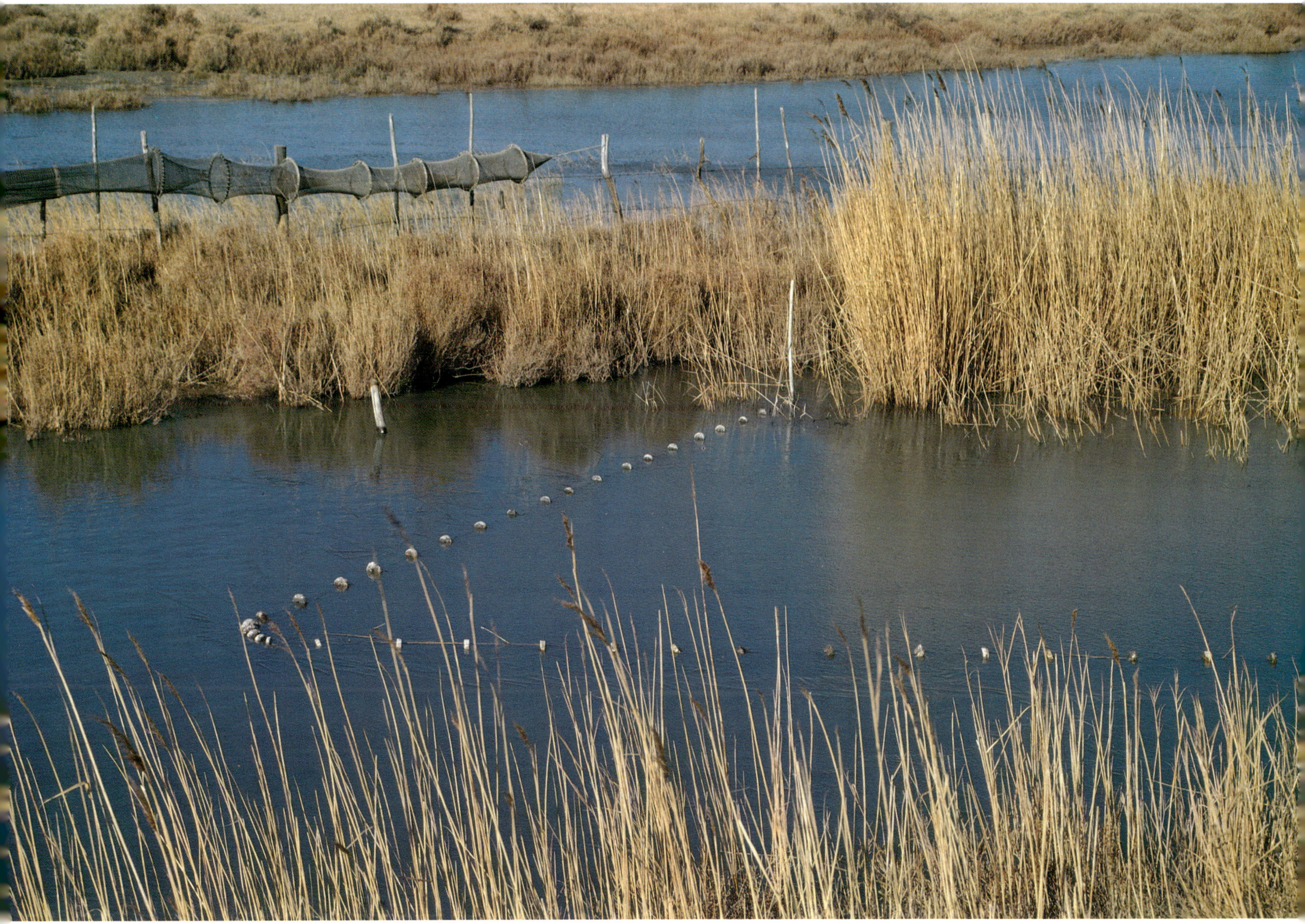

57

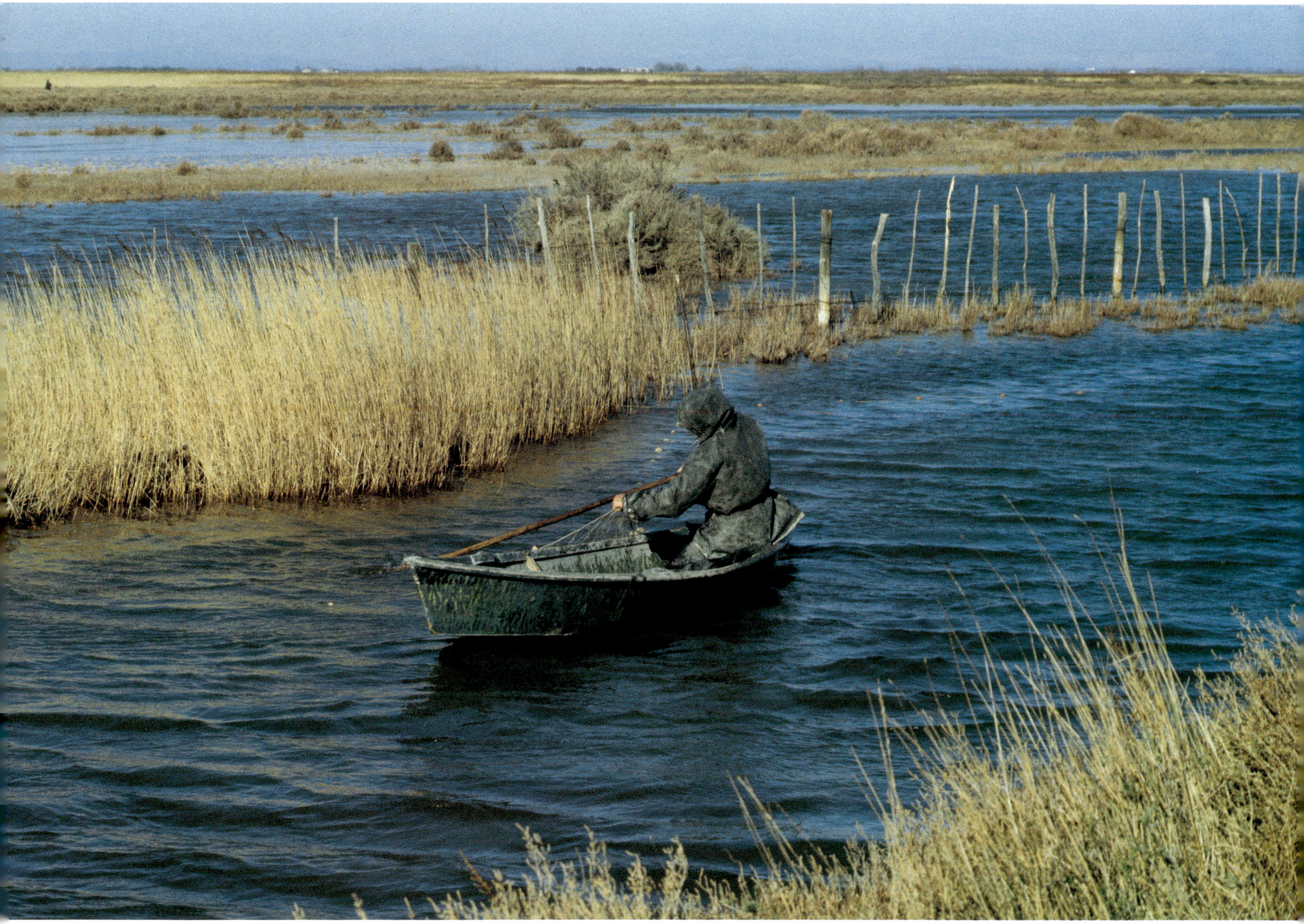

59

60

61

62

63

64

65

66

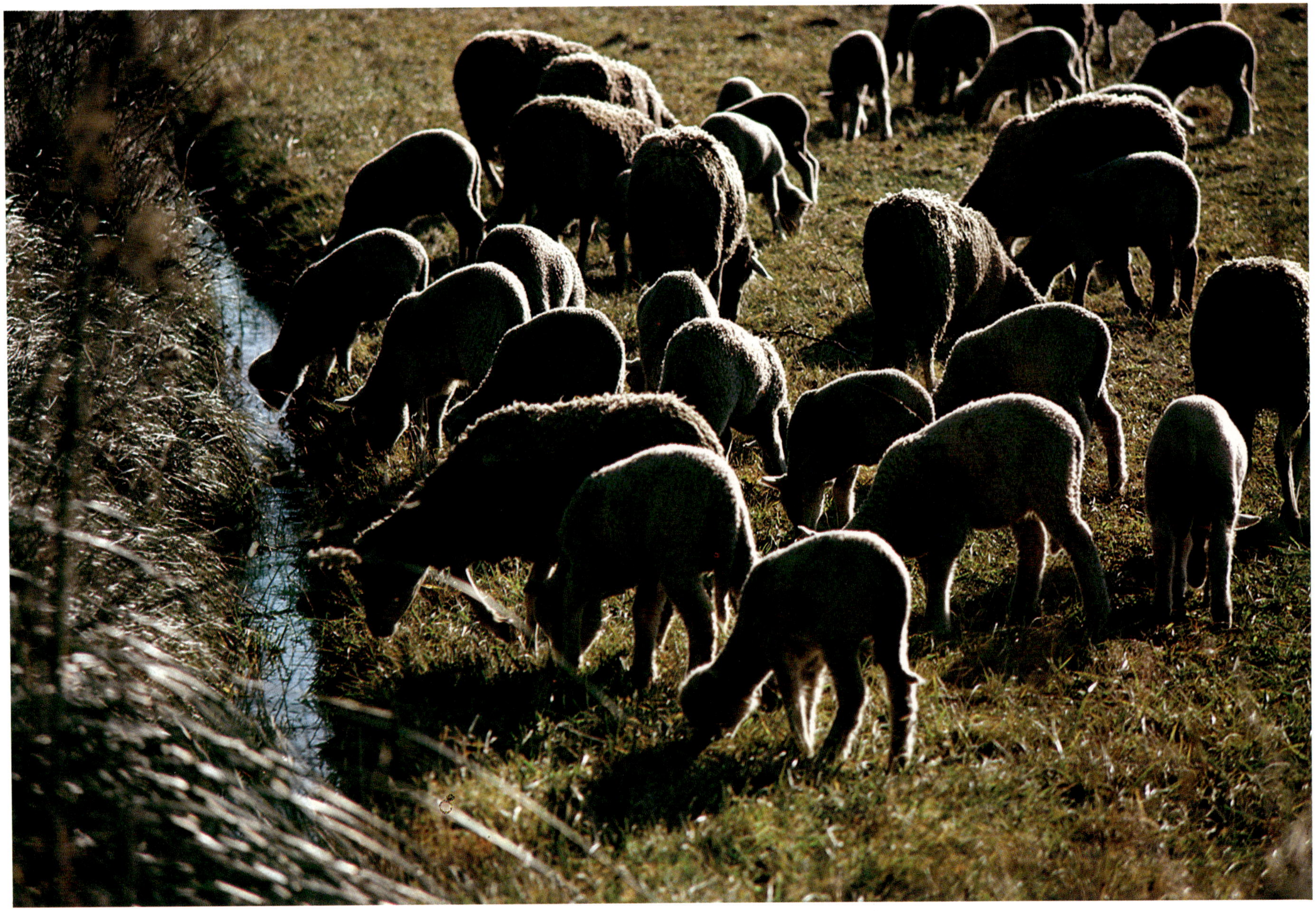

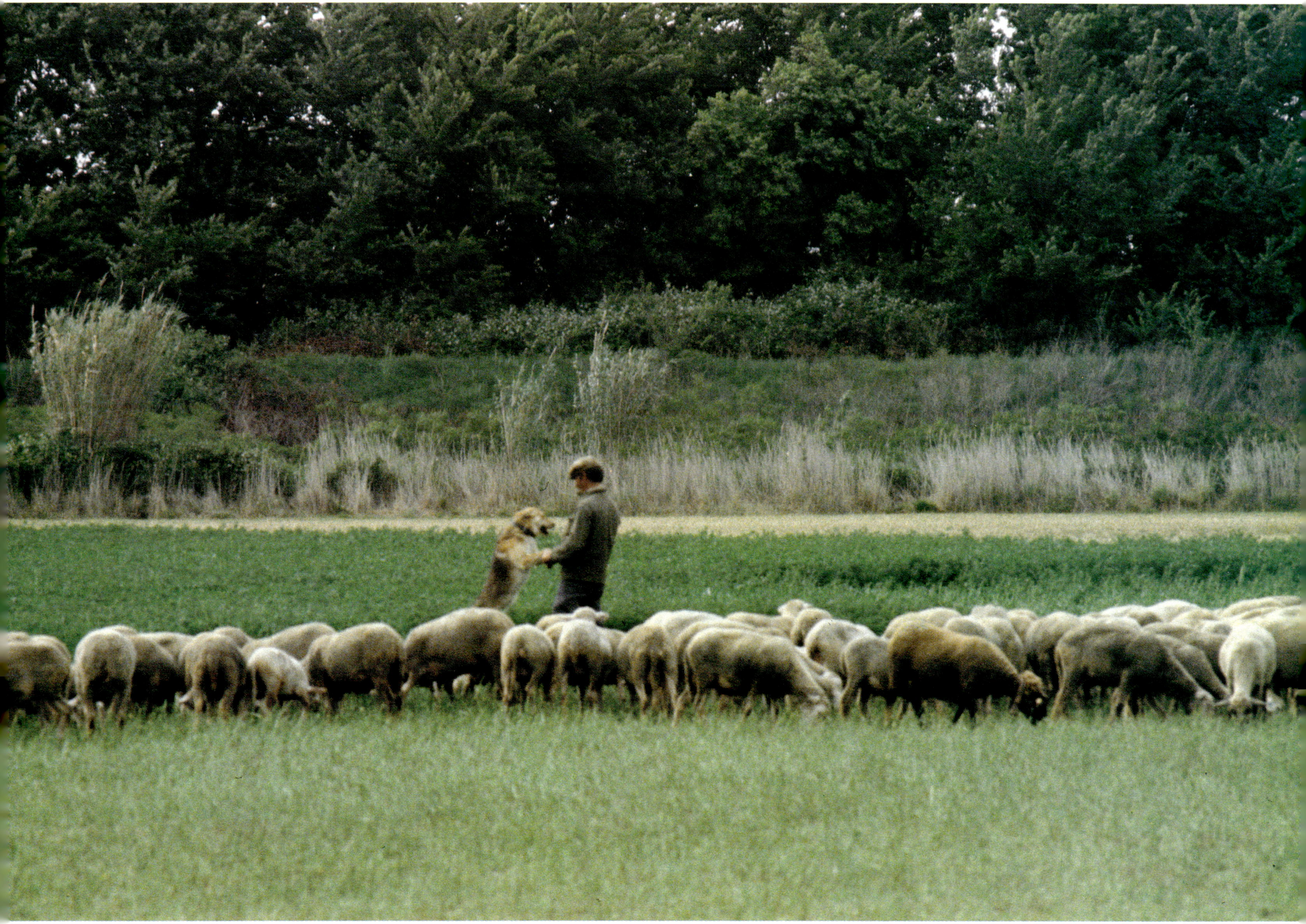

69

70

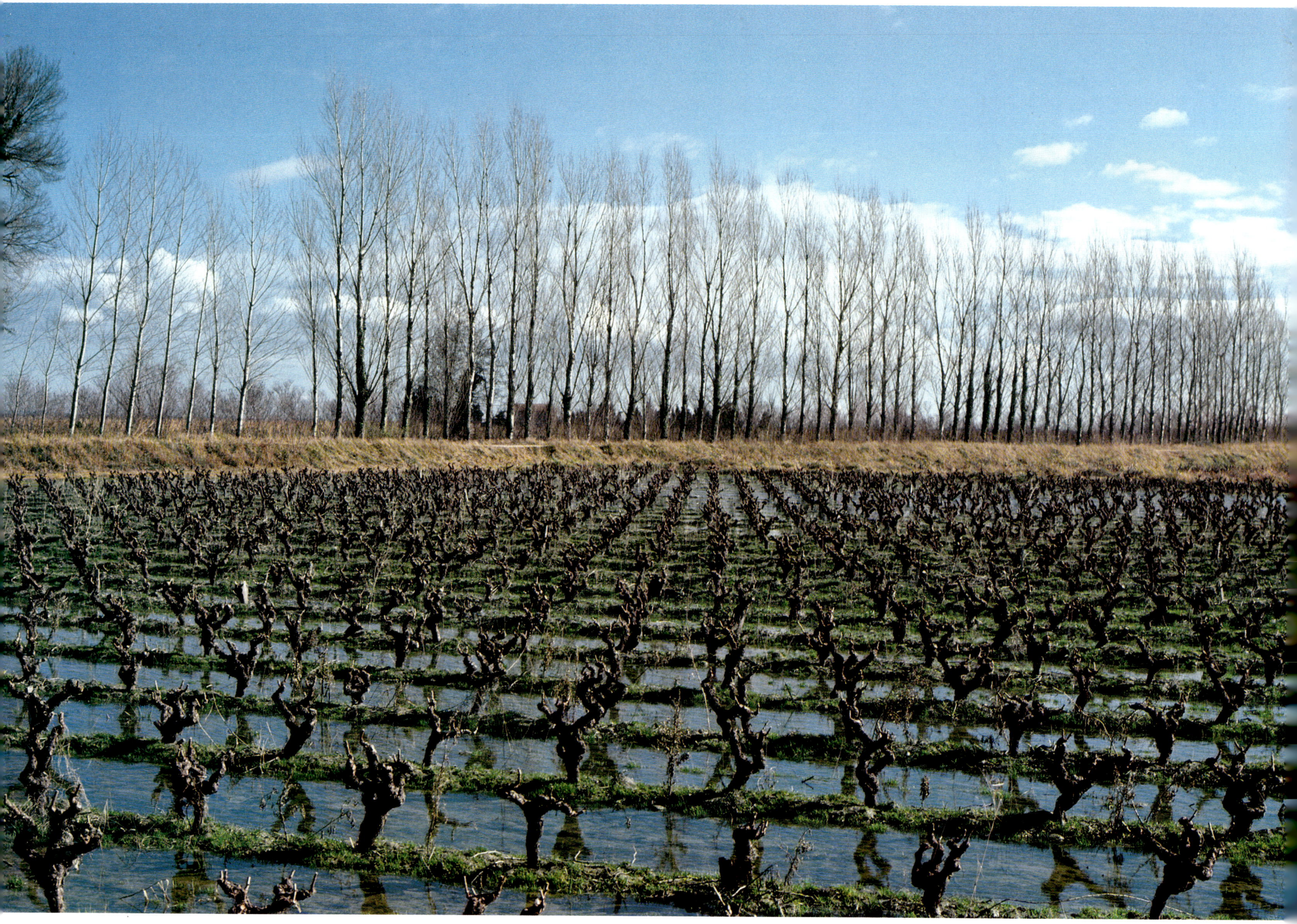

72

73

74

75

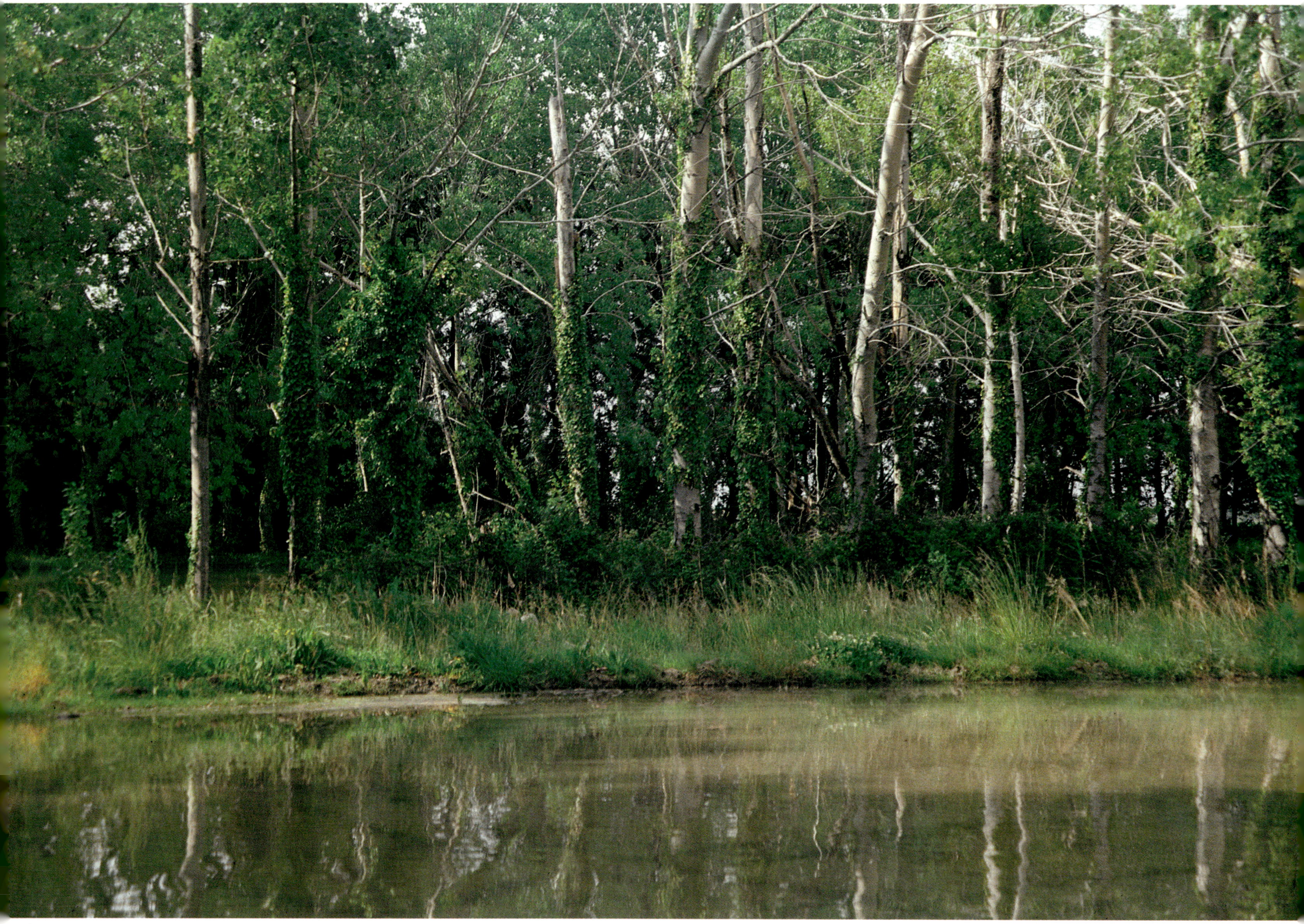

5. Hütten und Bauwerke

Die Wohnhäuser ducken sich unter tiefgezogenen schilfgedeckten Dächern. Man spürt förmlich die Geborgenheit, die sie vermitteln, hier ist man vom ewigen Wind geschützt, hier ist es warm, hier ist man zu Hause. Trutzburgen gleich die Kirchen, sie sind zu wehrhaften Bastionen ausgebaut und lassen erkennen, es war nicht immer so friedlich. Abweisend die Mauern, strenge Romanik, klassische Rundbögen und ein Hauch Antike mit schlanken Säulen, deren Kapitelle zu Blättern geformt sind.

Ins Unendliche blickt der Gekreuzigte am Kriegerdenkmal, schwerelos hängt der Körper am Holz, alles Irdische scheint überwunden.

Ein Denkmal am Weg; von einem Sockel erhebt sich eine schmucklos glatte Säule, die ein seltsam geformtes Kreuz aus Eisen bekrönt. Das Denkmal der Ochsenhirten ist es, warum, wann und vom wem es aufgerichtet wurde, wer weiß es, verweht, vom Wind der Camargue.

Der Baustil hier ist nicht spektakulär, nicht pompös und schon gar nicht repräsentativ. Schlicht, gewachsen, zweckmäßig und ausgewogen, dem Land und dem Wind angeglichen, alles andere wäre Unfug, alles andere hält sich nicht. Wer baut, bleibt am Boden, kein monumentales Hochhaus paßt hierher, auch das Landgut aus unseren Tagen hält sich an das ungeschriebene Gesetz der Camargue. Ebenerdig, harmonisch gegliedert, liegt es mit seinen Gebäuden da. Nach altem Muster gearbeitet die Fenster, alte Ziegel in verblassendem Rot decken die langgezogenen Dächer. Ein Haus zum Wohnen und Leben.

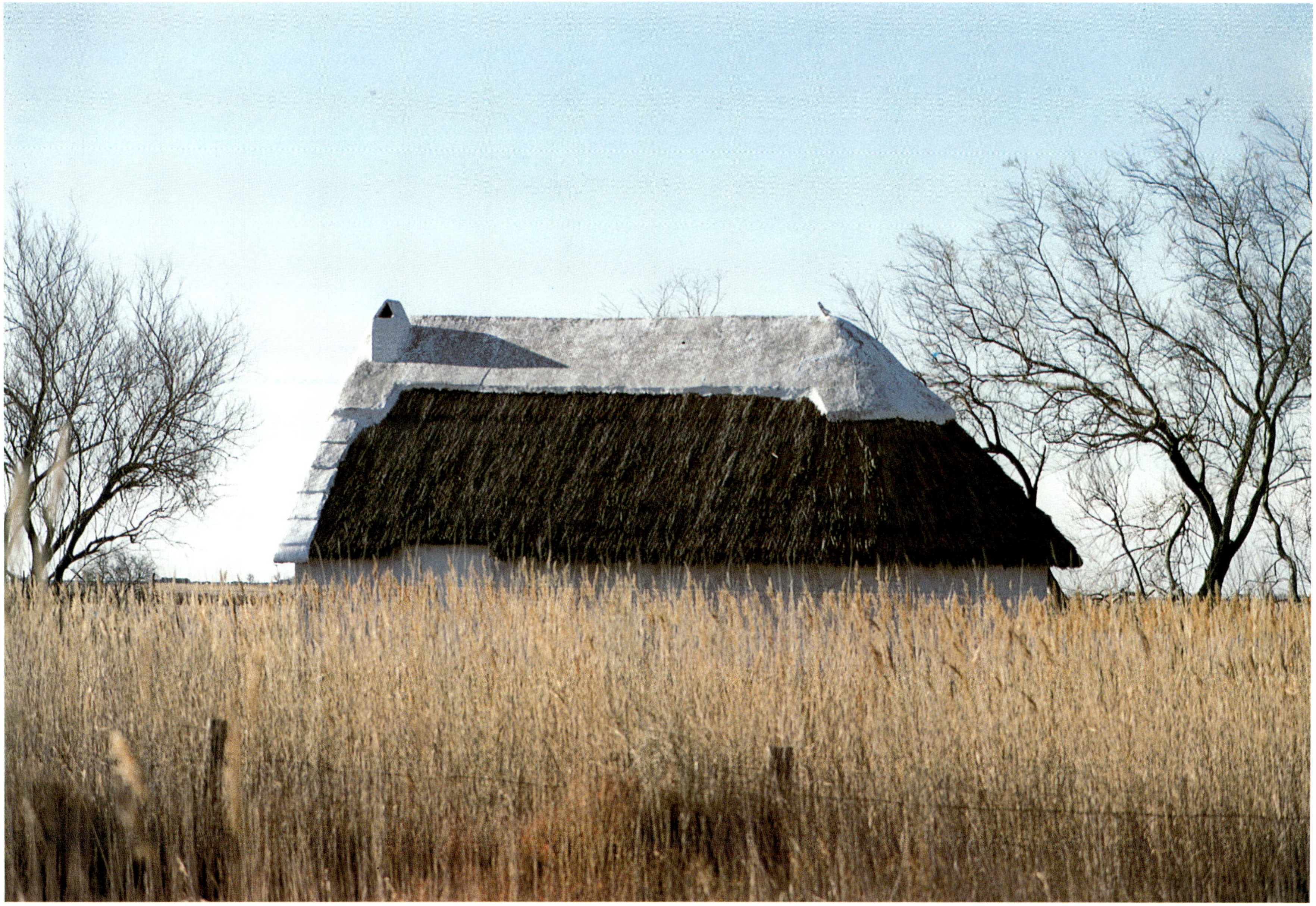

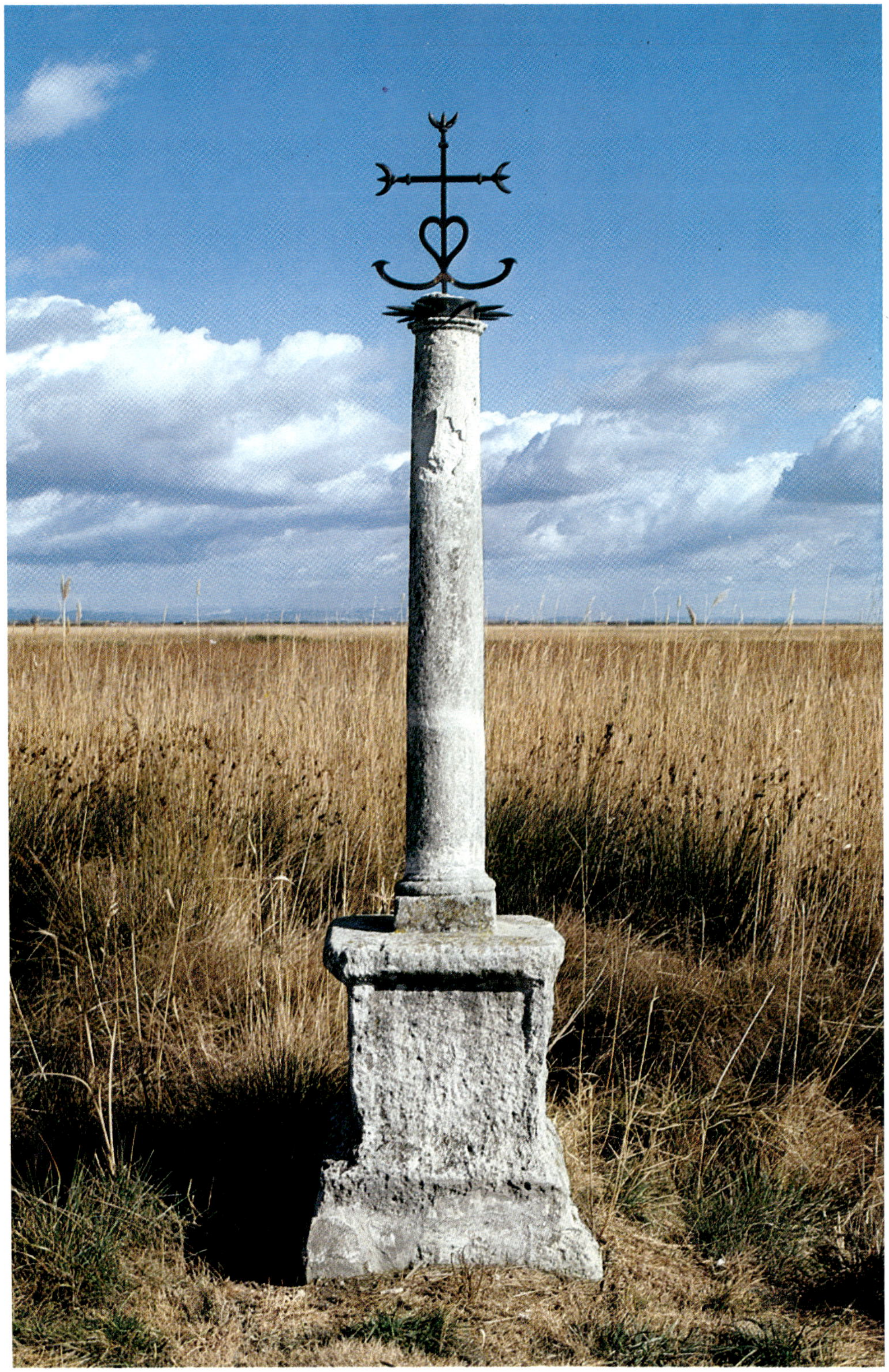

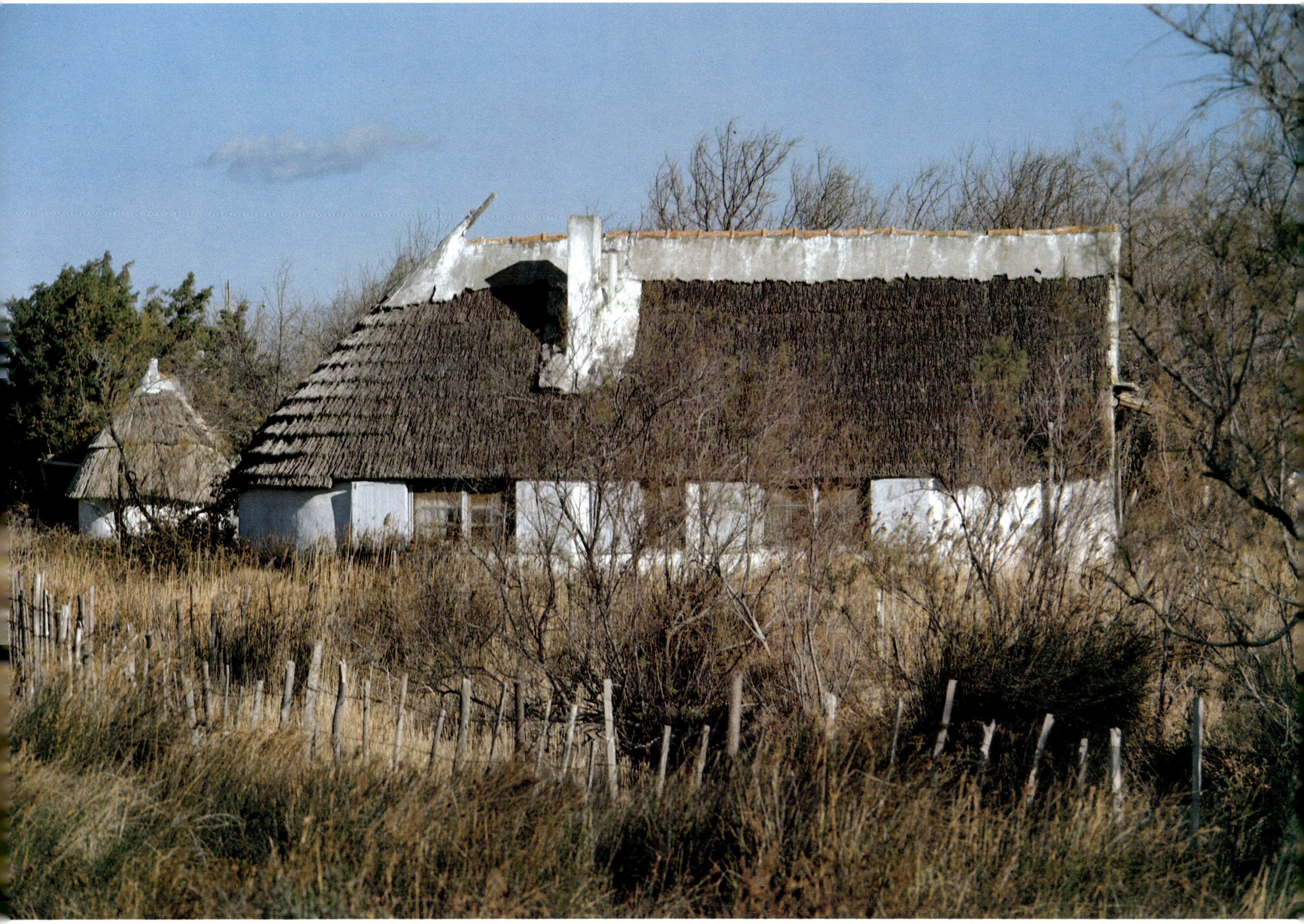

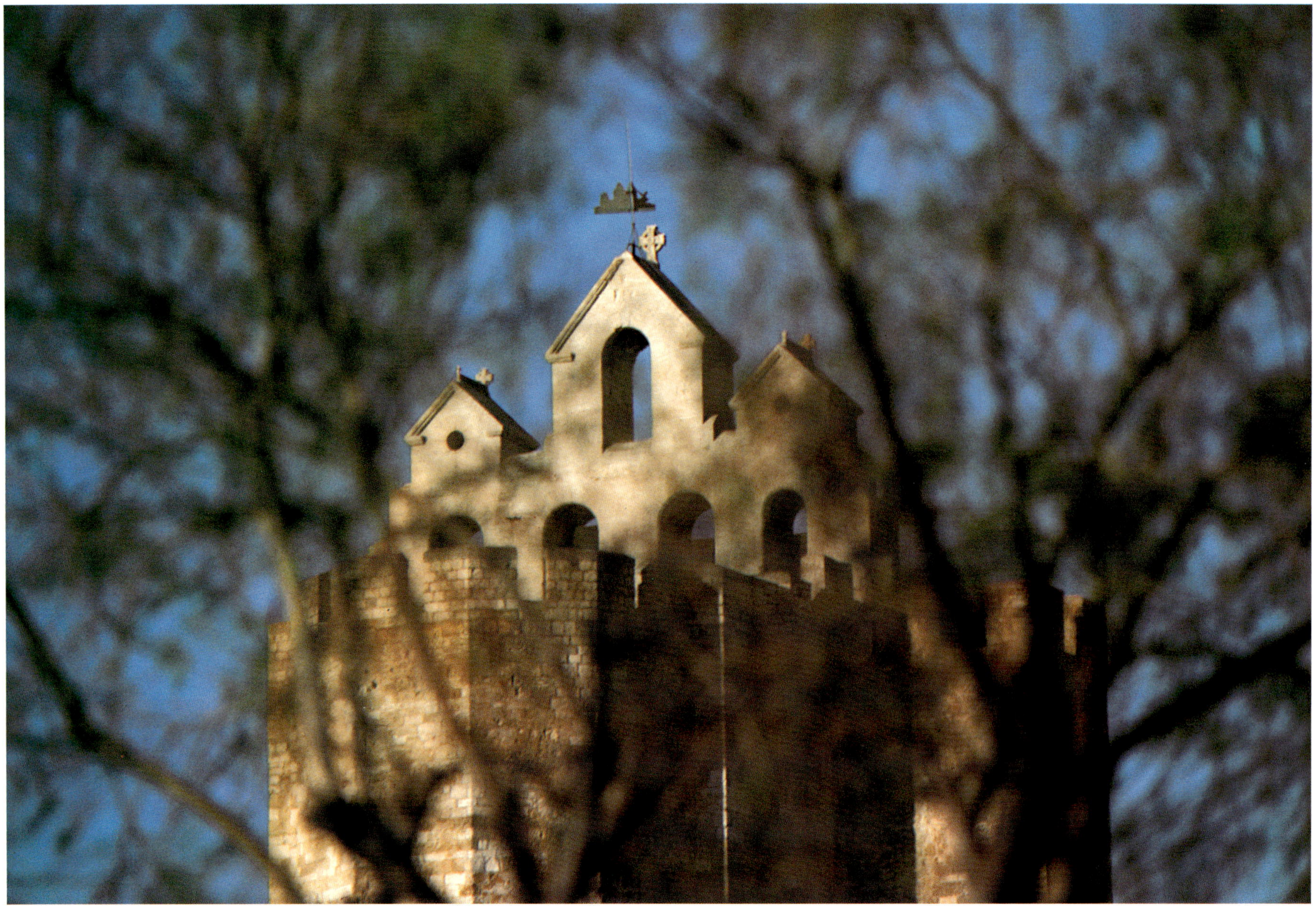

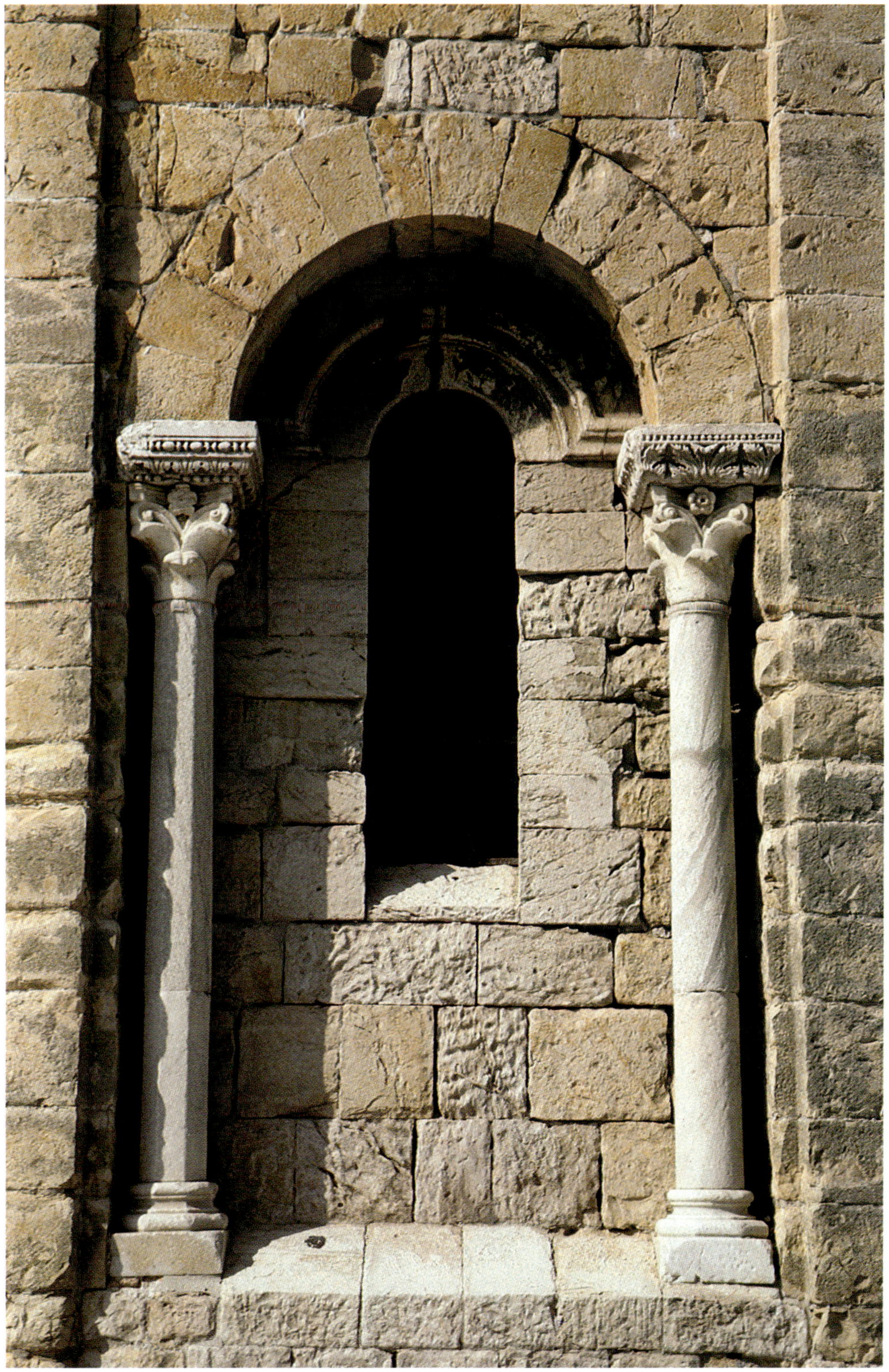

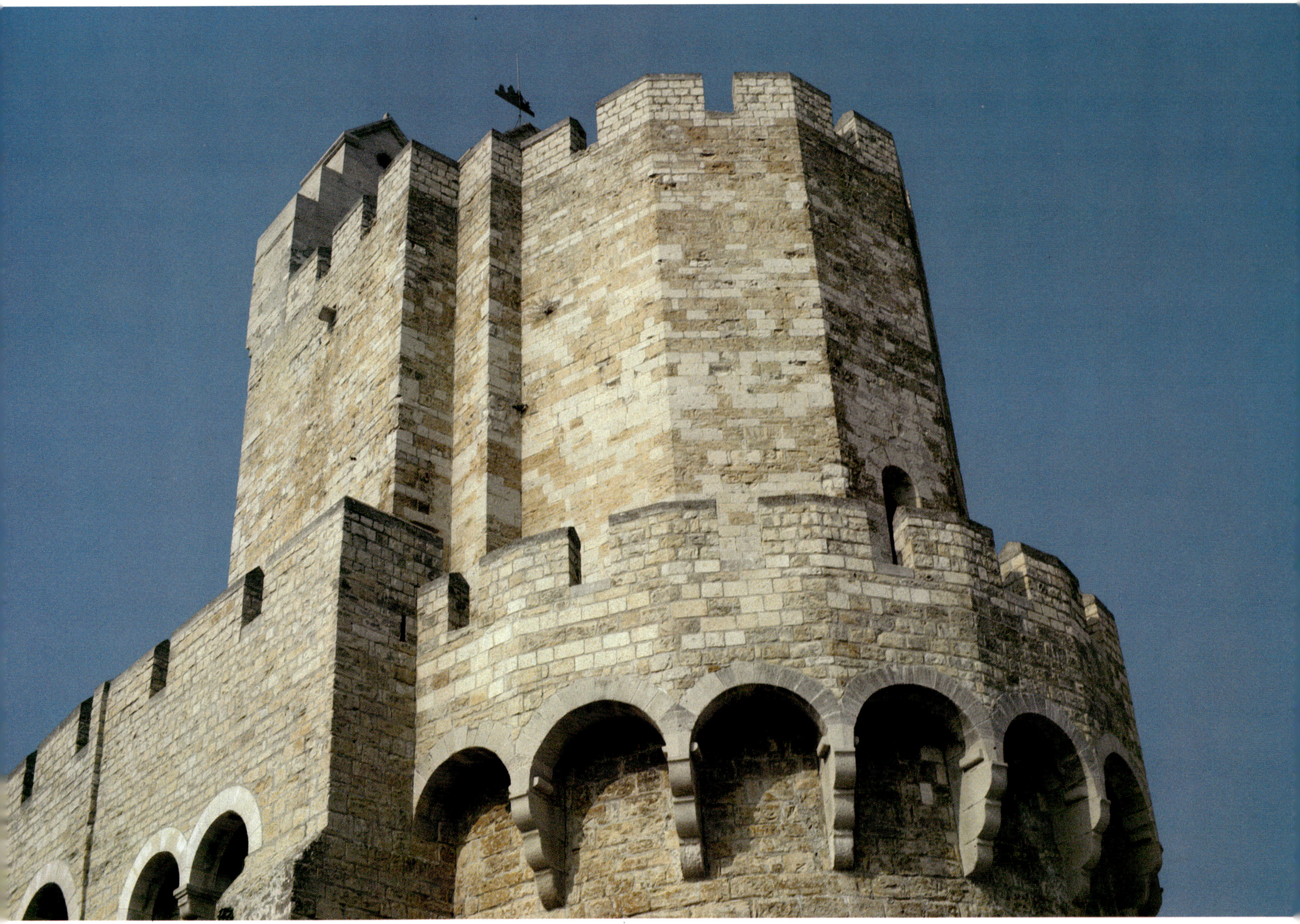

83

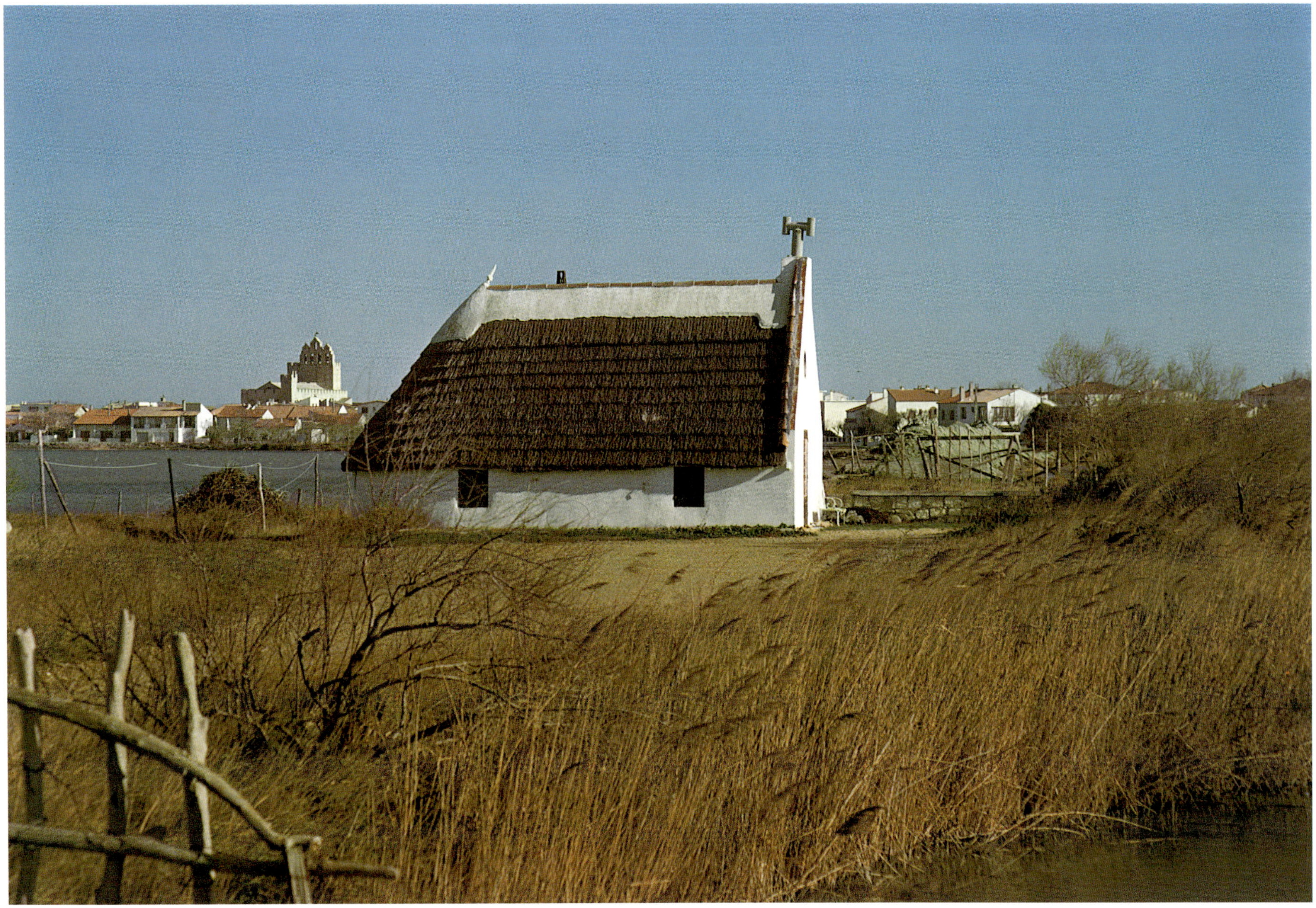

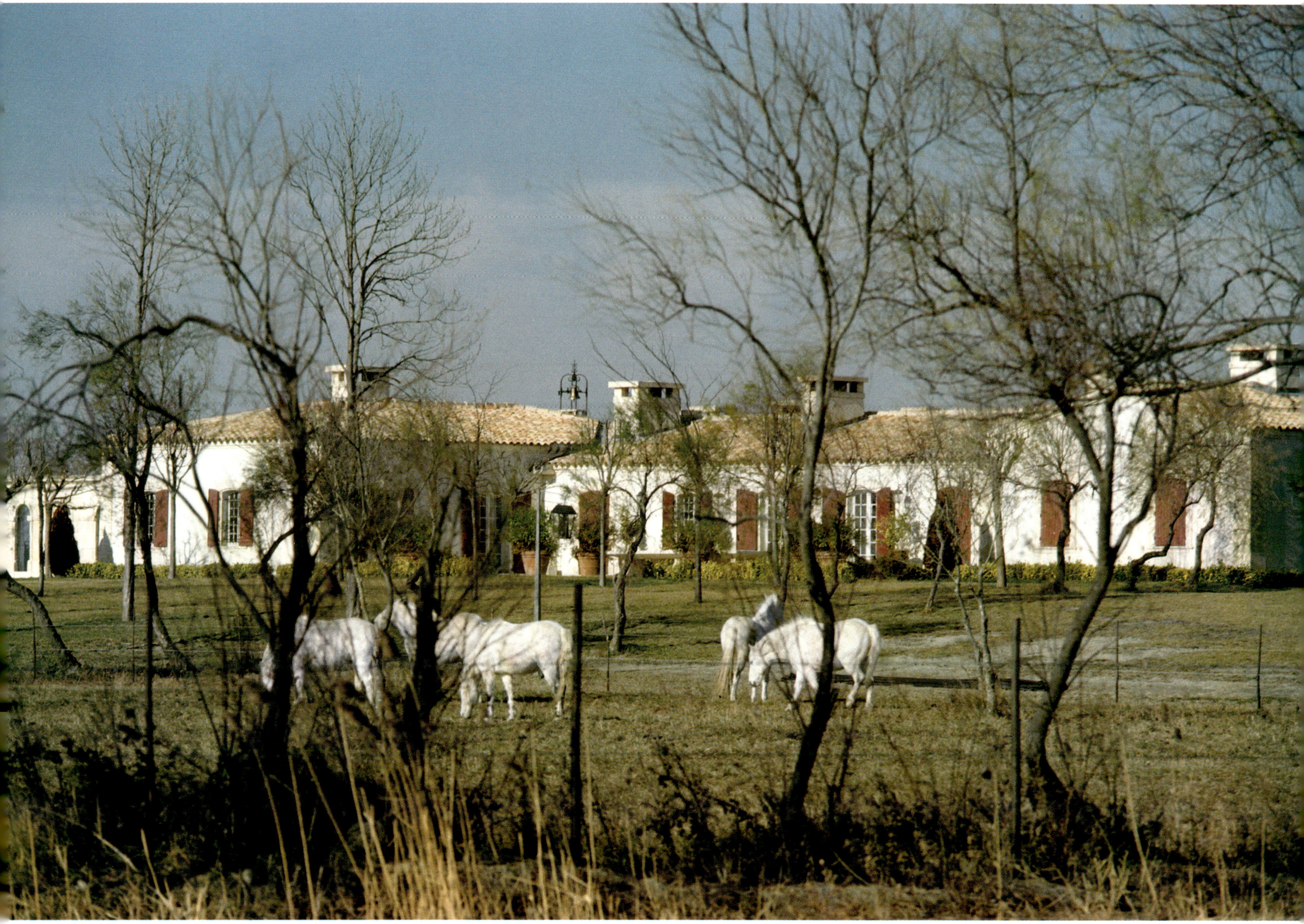

6. Feste, Brauchtum, Touristen

Die alljährliche Wallfahrt der Zigeuner zur Muttergottes Saintes-Maries-de-la-Mer ist weltbekannt. Hoch zu Roß die Männer, die Standarte in der rechten Hand, die Zügel in der linken und die Heiligen sind mit dabei. Wie die schönen Mädchen mit den kunstvoll bestickten Spitzenhäubchen am korrekt aufgesteckten Haar und dem Spitzenfichu aus feinstem handbestickten Leinen.

Feriengäste gehören dazu. Sie stehen dem uralten Brauchtum ein wenig hilflos gegenüber. Was geht hier vor? Heidnisches mischt sich mit Christlichem, warum zieht man zum Meer?

Was hat die Gottesmutter damit zu tun? Warum ausgerechnet die Zigeuner?

Reiterferien, das Erlebnis für jung und alt, Ferien, die man nie vergißt! Querfeldeinritte, um die Wette, dann allein, nur den warmen Körper des Tieres unter sich und den Himmel darüber.

Spannung beim Stierkampf, das Kostüm des Toreros, der goldstrotzende „Lichteranzug" funkelt in der Sonne. Die Capa wirbelt über den Sand, die buntverzierten Pfeile in den Flanken des Stieres zittern unter der Wucht seines Angriffes, Gebanntheit und atemlose Stille, bis das mächtige Tier tot zusammenbricht. Der Mensch als Herr der Dinge, als Beherrscher der Welt? Übrigens, nicht immer geht der Kampf zugunsten des Menschen aus, manches Mal siegt der Stier...

86

87

88

89

90

91

92

93

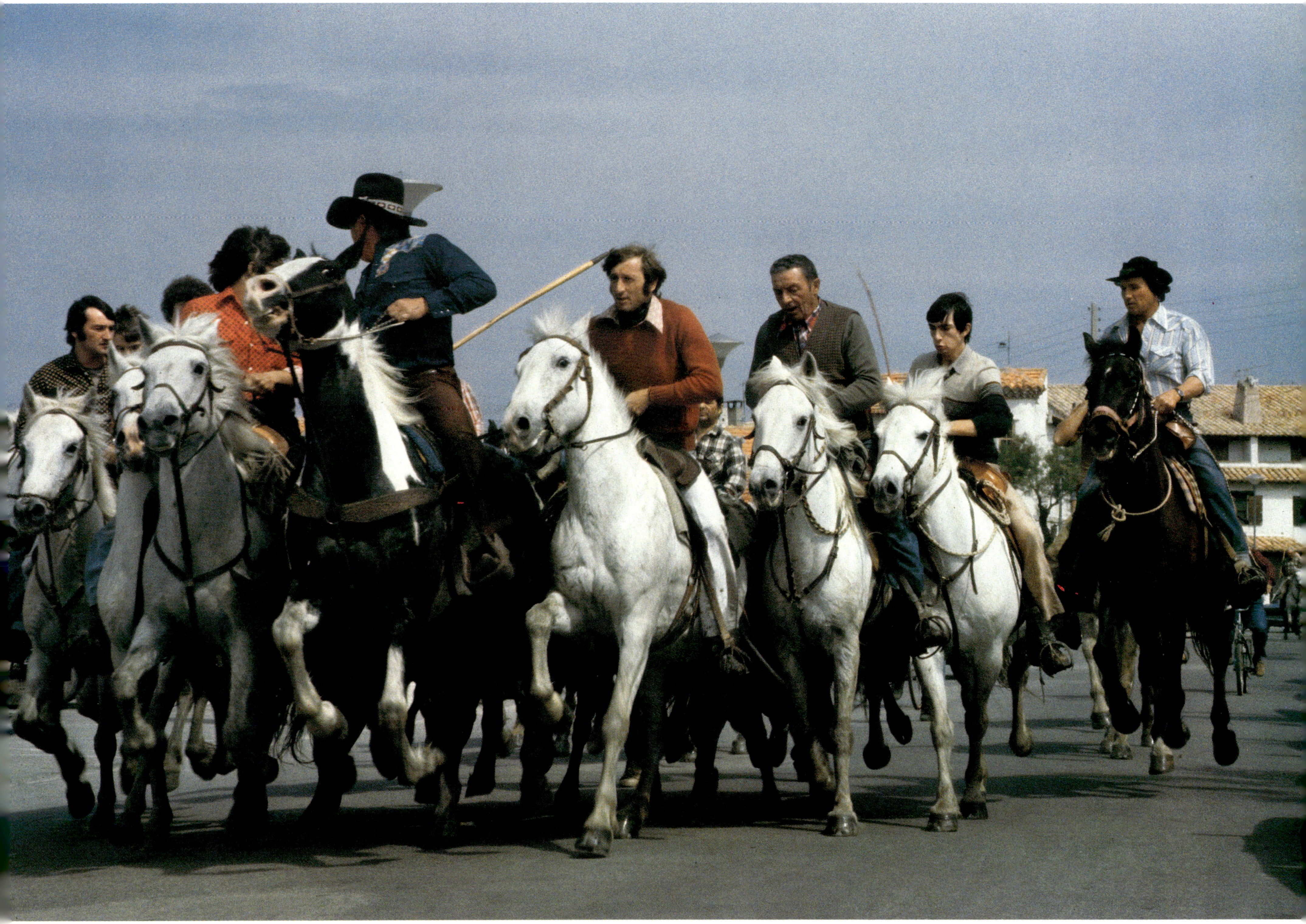

95

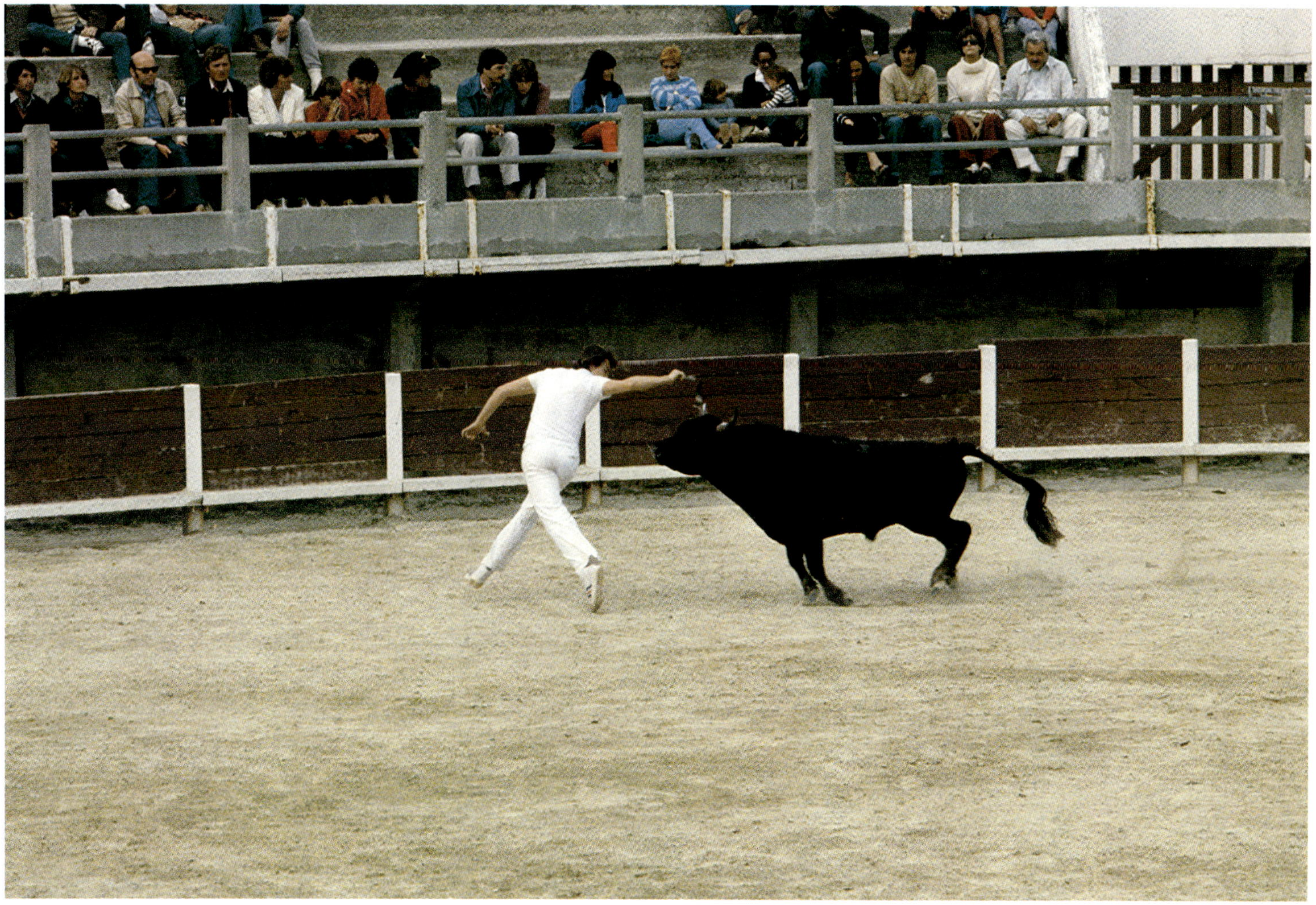

97

98

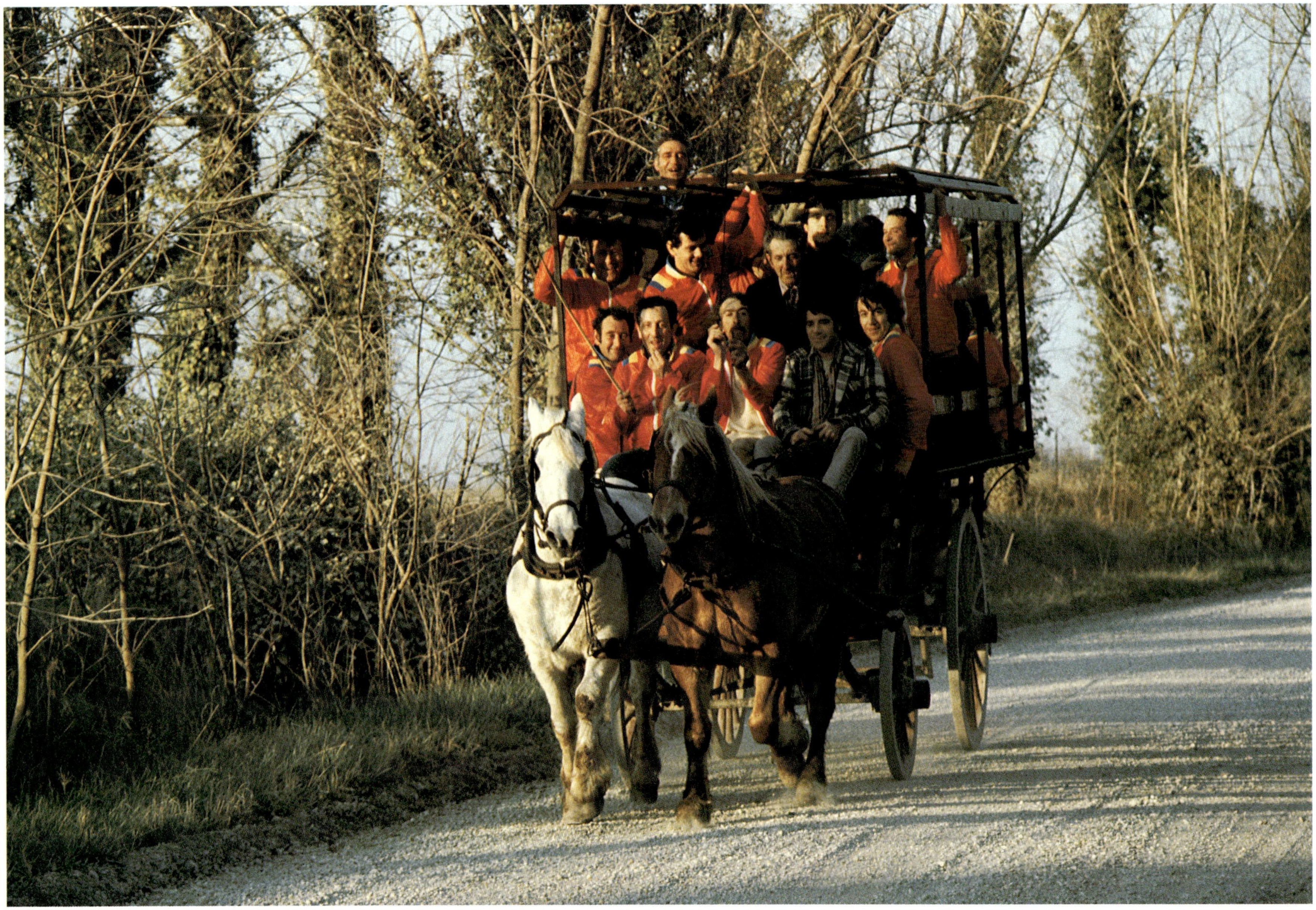

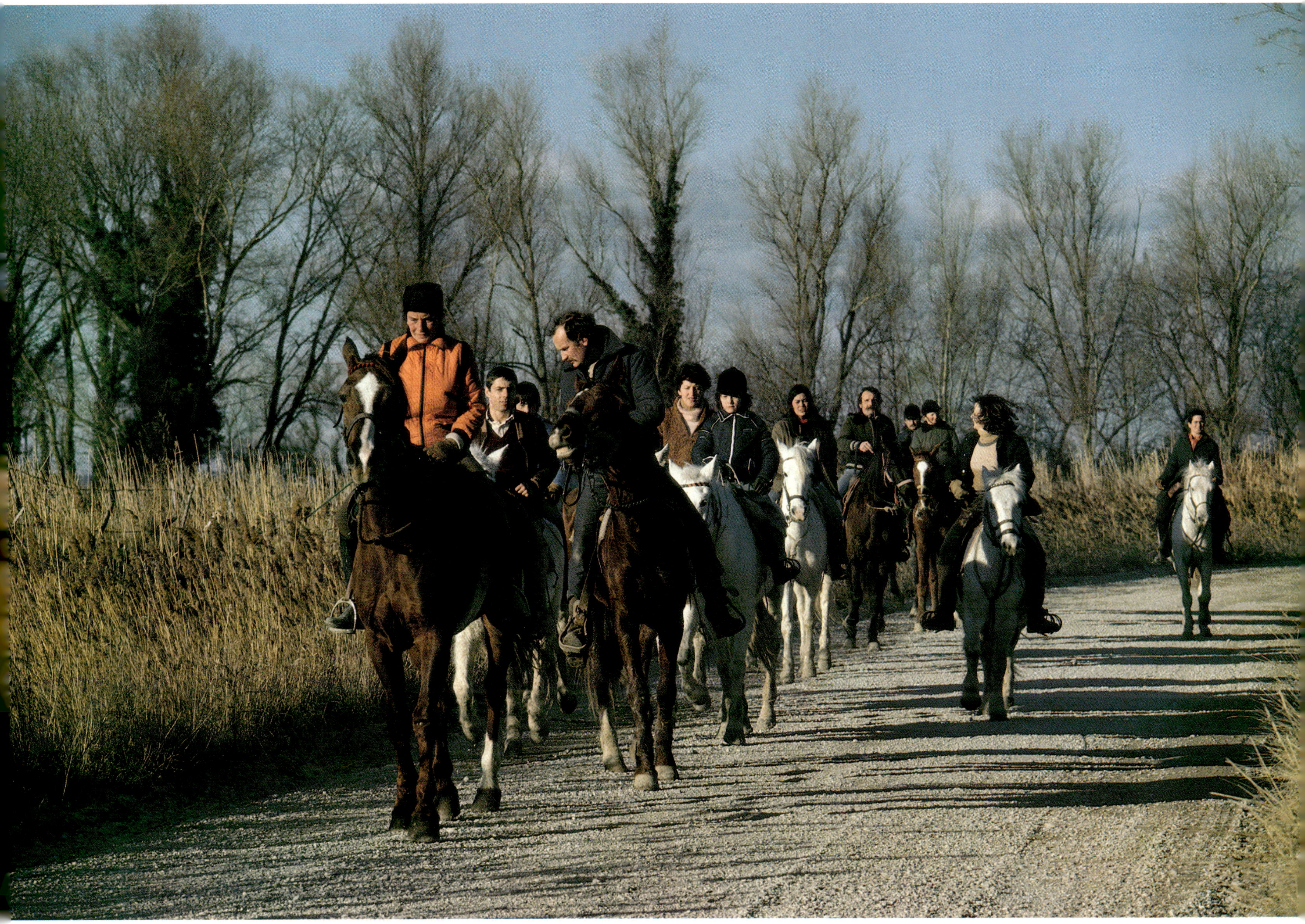

101

102

7. Blumen, Schilfrohr und Wasserpflanzen

Uralte Weiden, verkrüppelt, abgestorben zum Teil, mit neuem Grün die anderen, stehen im Wasser, sie haben überlebt, sie werden wieder überleben, trotz Hochwasser, trotz überfluteter Erde. Gräser, die sich im Wind drehen, winzigkleine Wasserblüten, weiße Tupfen in schlammigem Grün und Schilfrohr, das sich dem Sturm beugt.

Von seltener Farbintensität die Blumen, sattroter Mohn, Distelblüten, die sich der Sonne entgegenheben, Strahlenbündel in seidenweichem Pink, gelbes Wiesenschaumkraut und von grafischer Einfachheit Gras, nichts als Gras.

Weiß schimmert das Wollgras, leuchten die ausgereiften Schilfwedel im Herbst, Pflücken, mit nach Hause nehmen, ein Bündel davon, das noch lange, wenn es schon tiefer Winter geworden ist, an die Camargue erinnert.

Die Blumen sollte man stehen lassen, sie gehören hierher, in der Hand welken sie, nur betrachten sollte man sie, sich an den leuchtenden Farben erfreuen und sie in der Erinnerung aufbewahren, dort sind sie unvergänglich, wie das Leben in der Camargue.

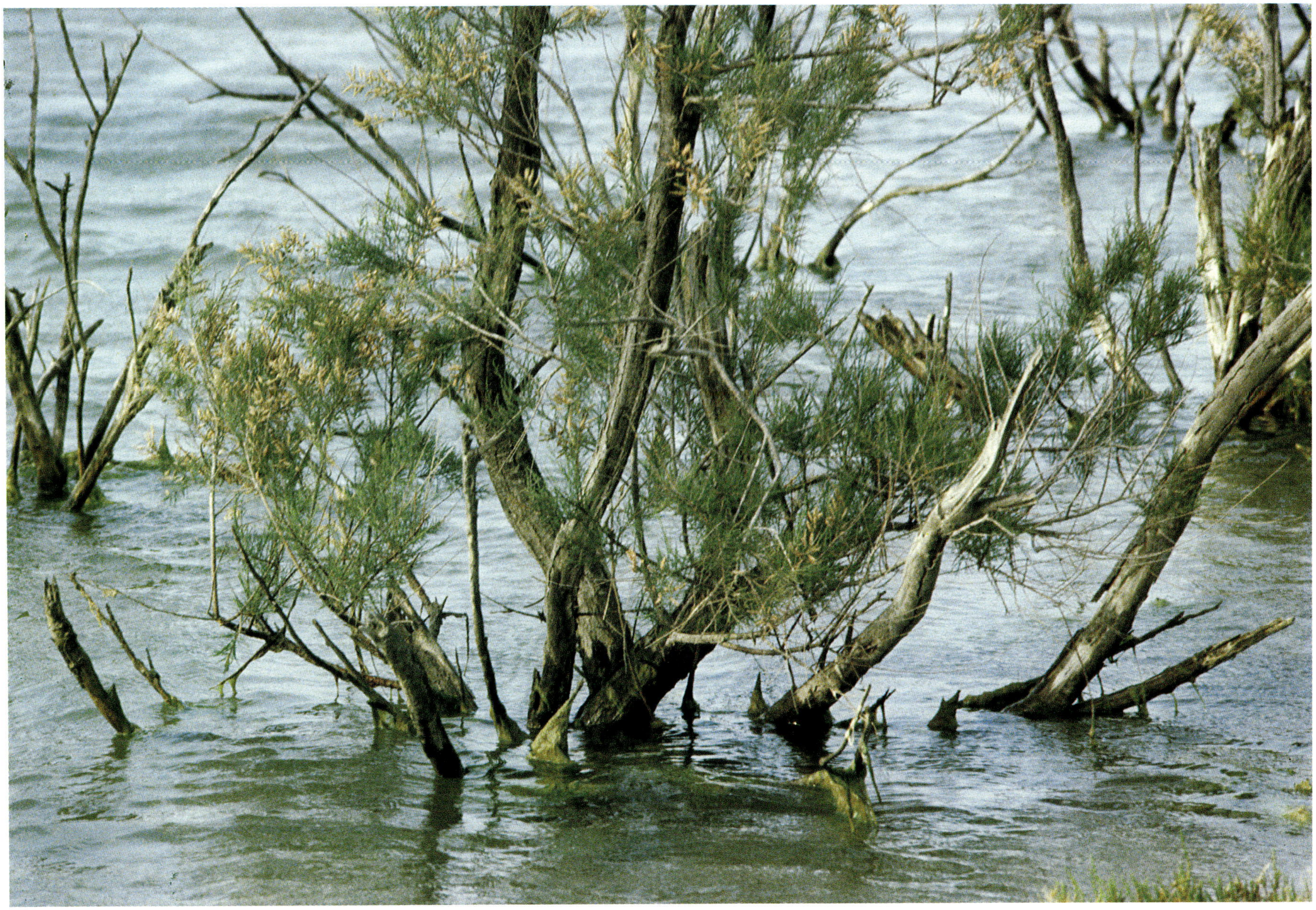

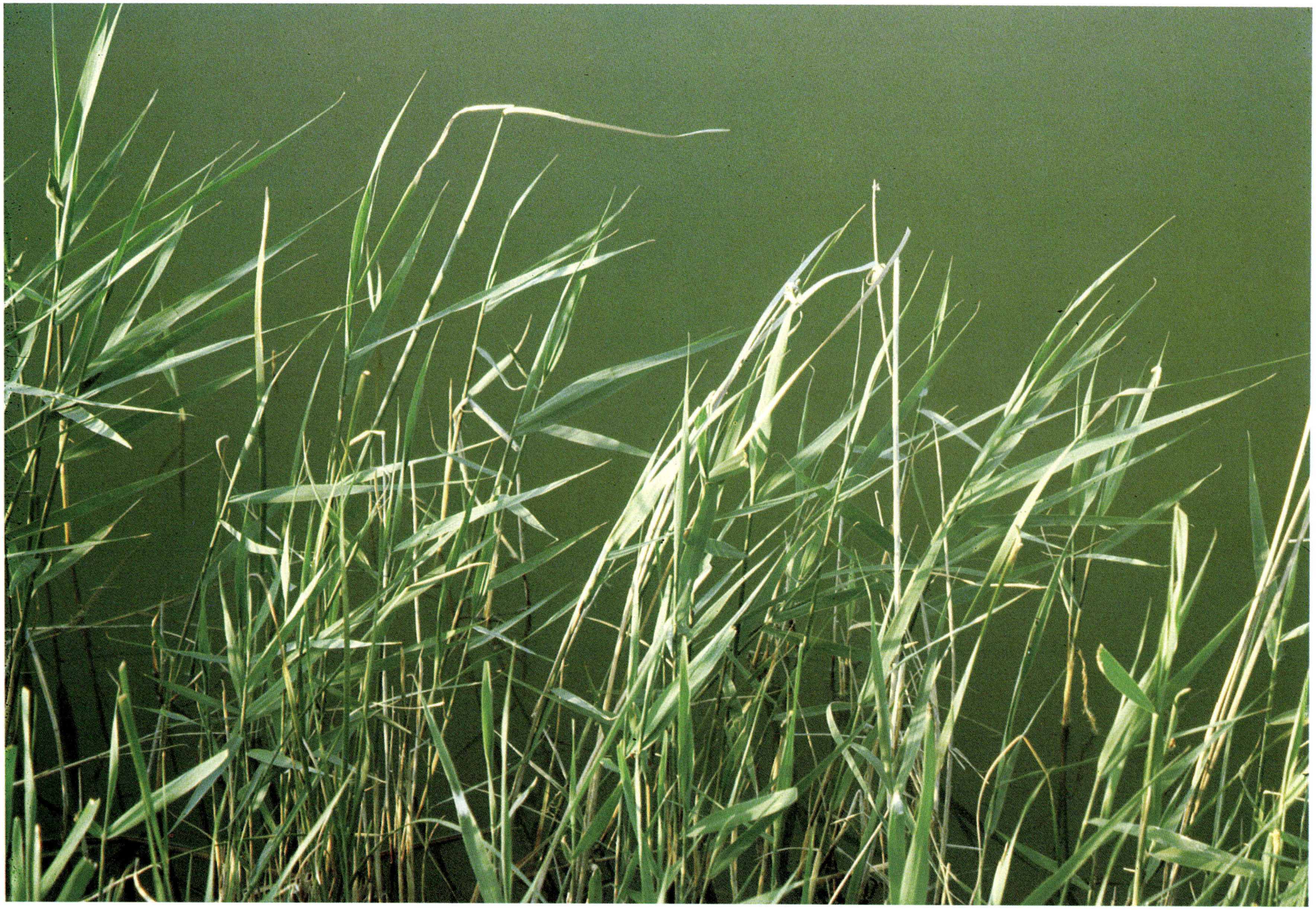

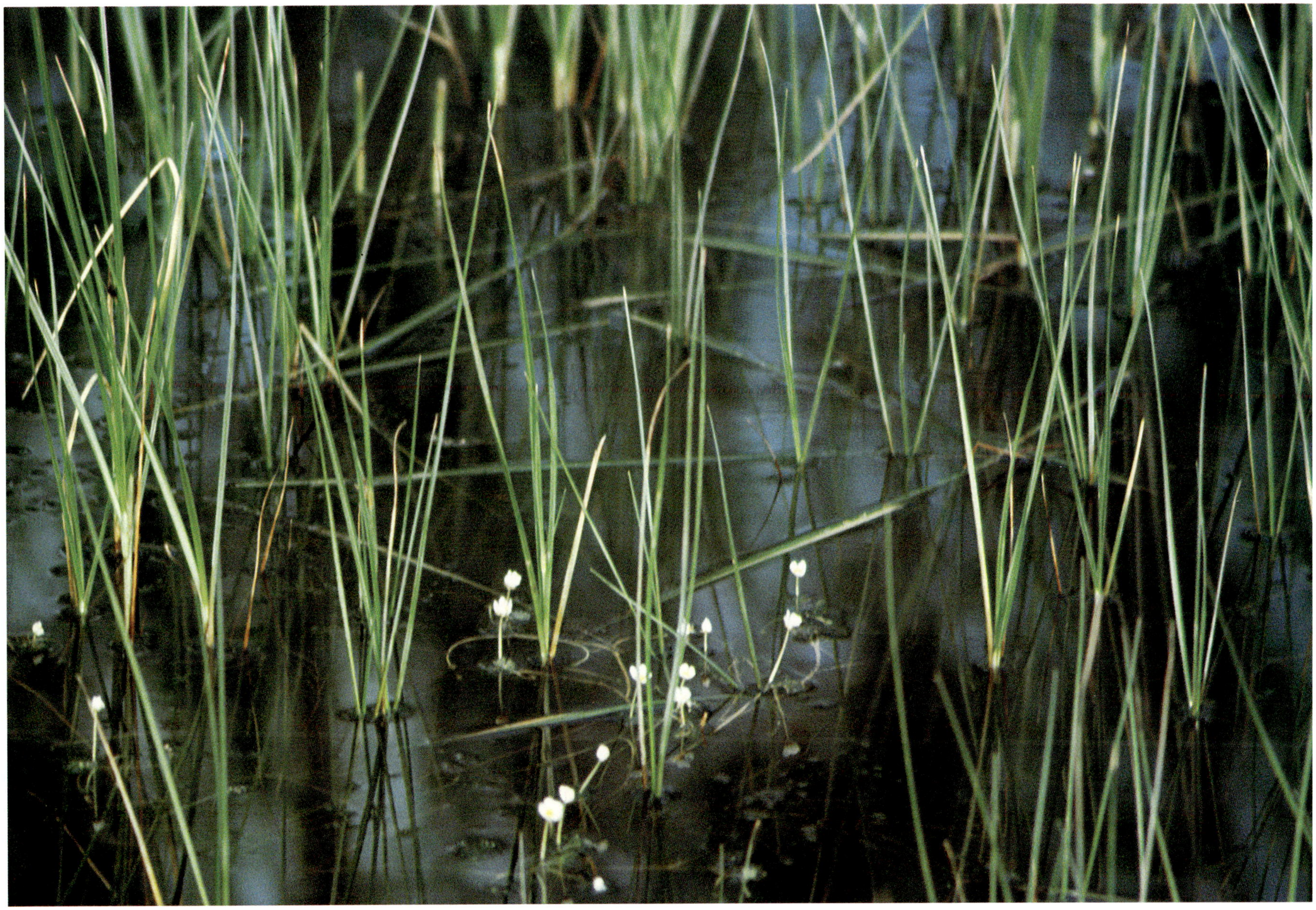

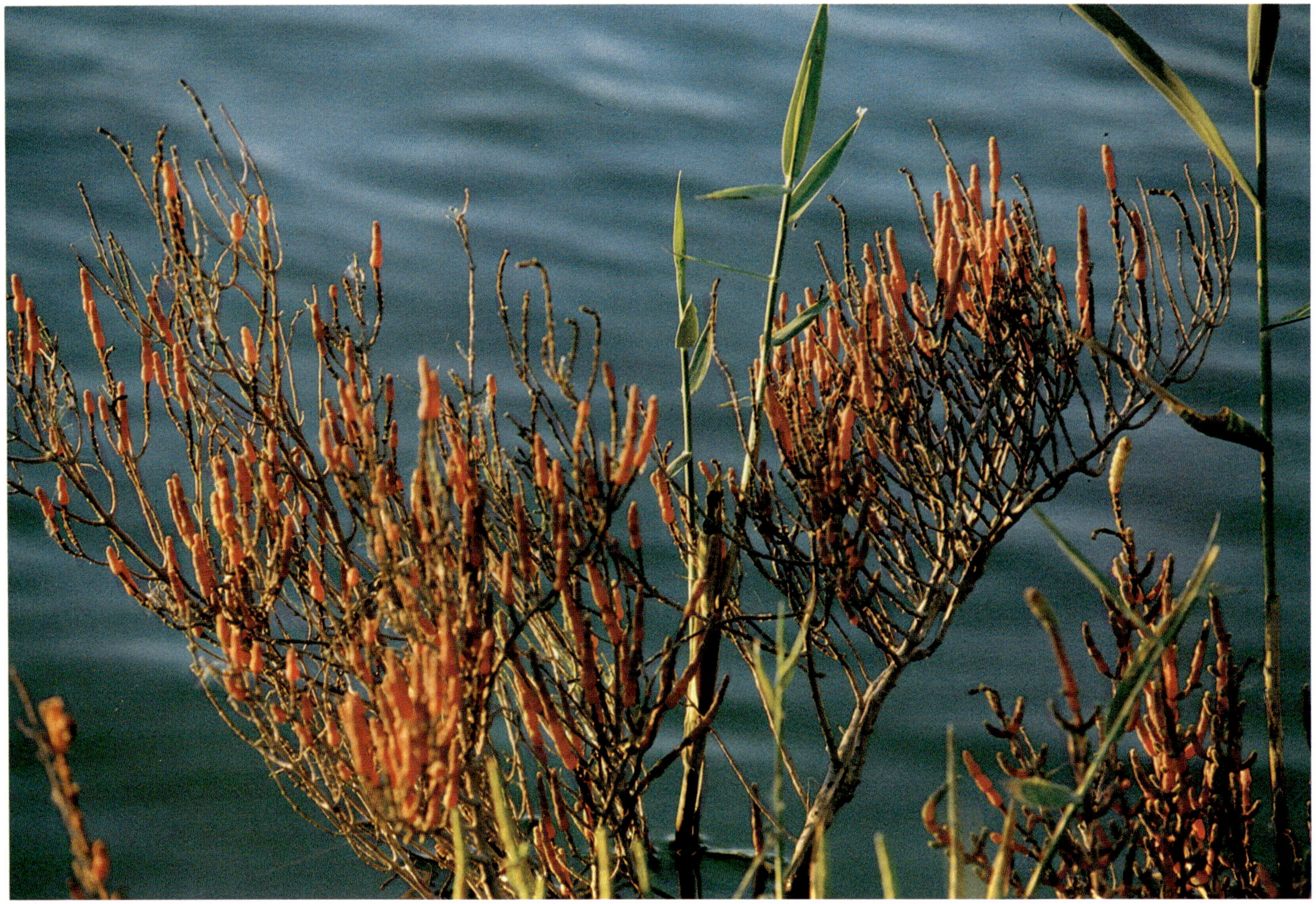

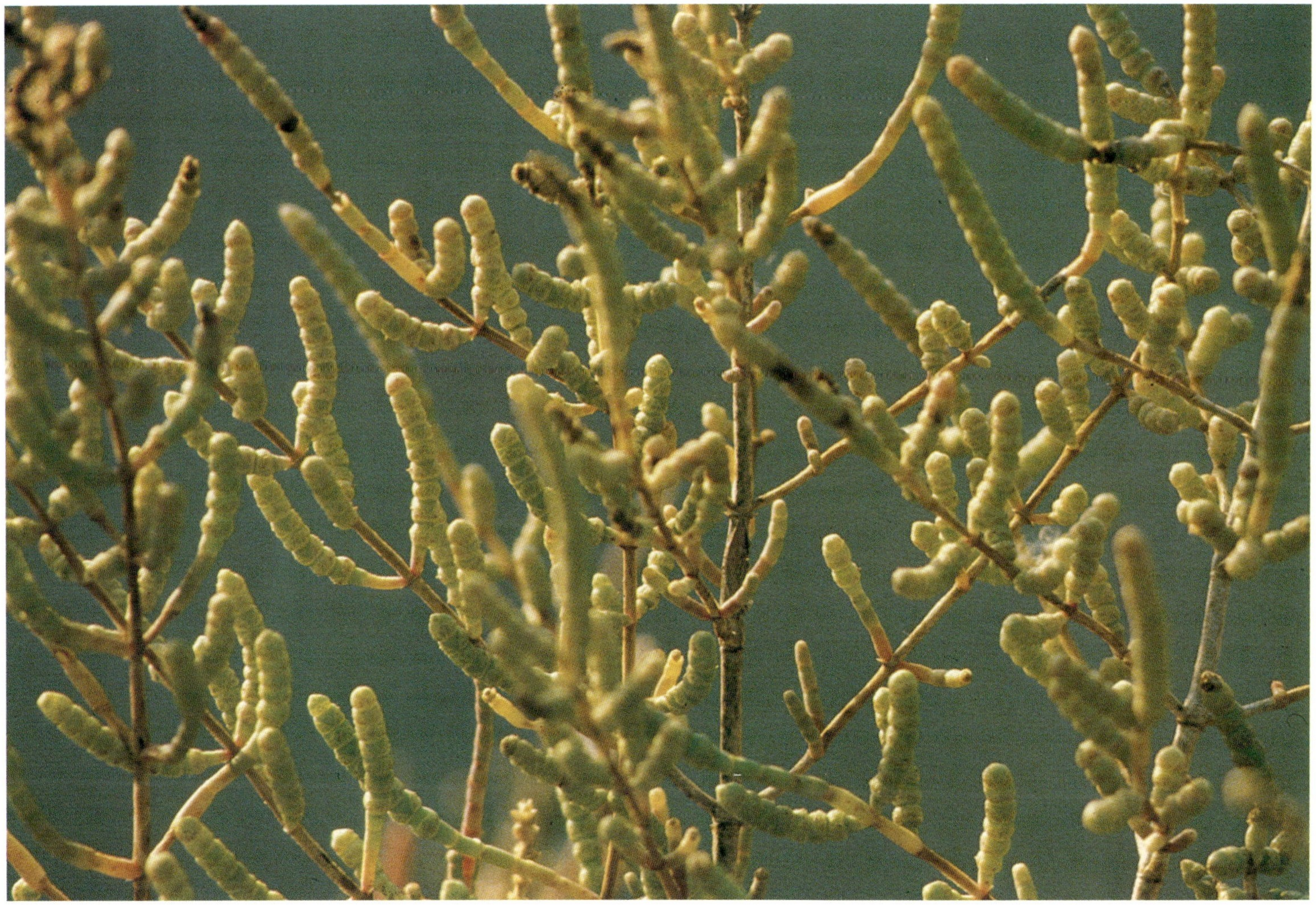

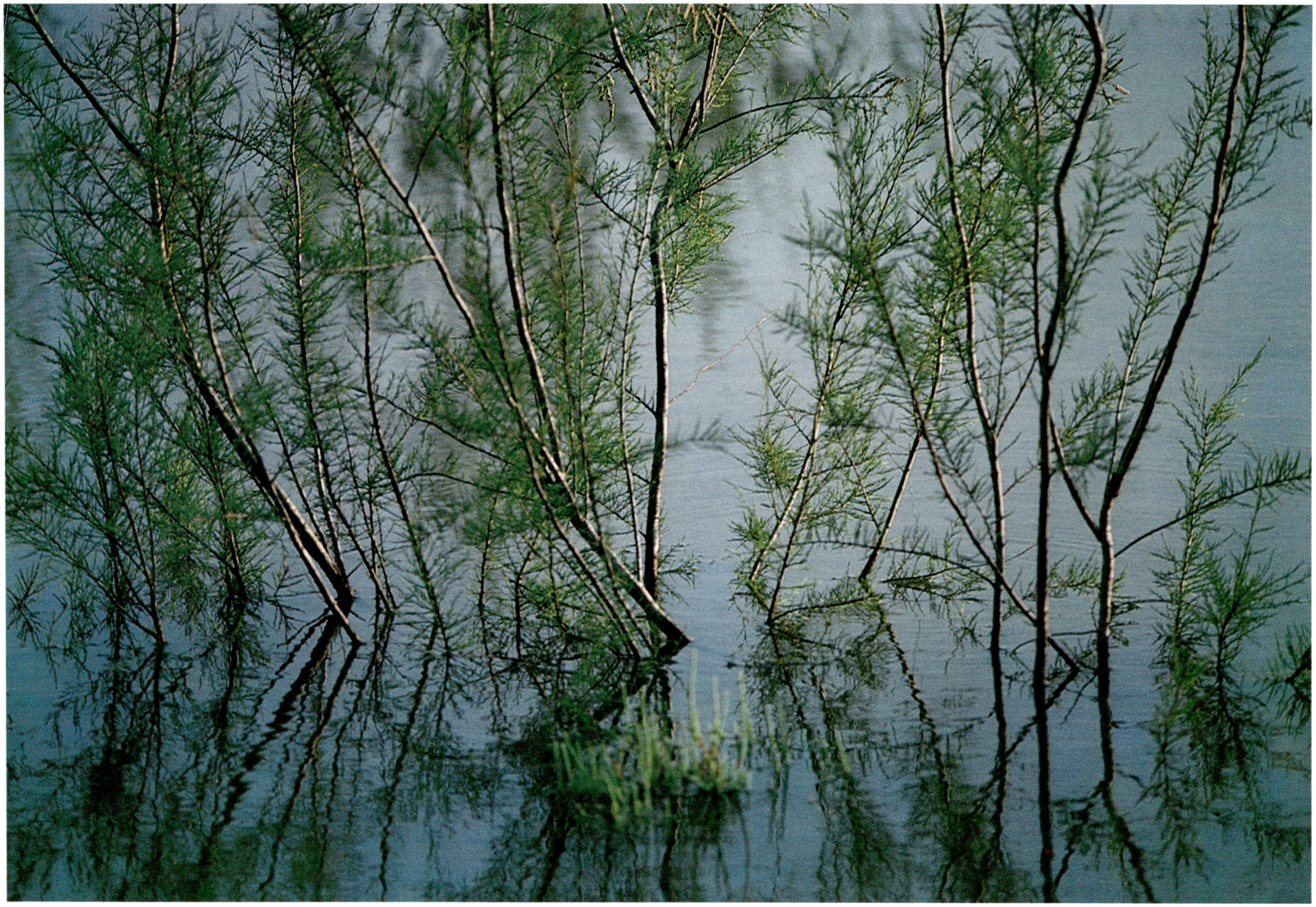

109

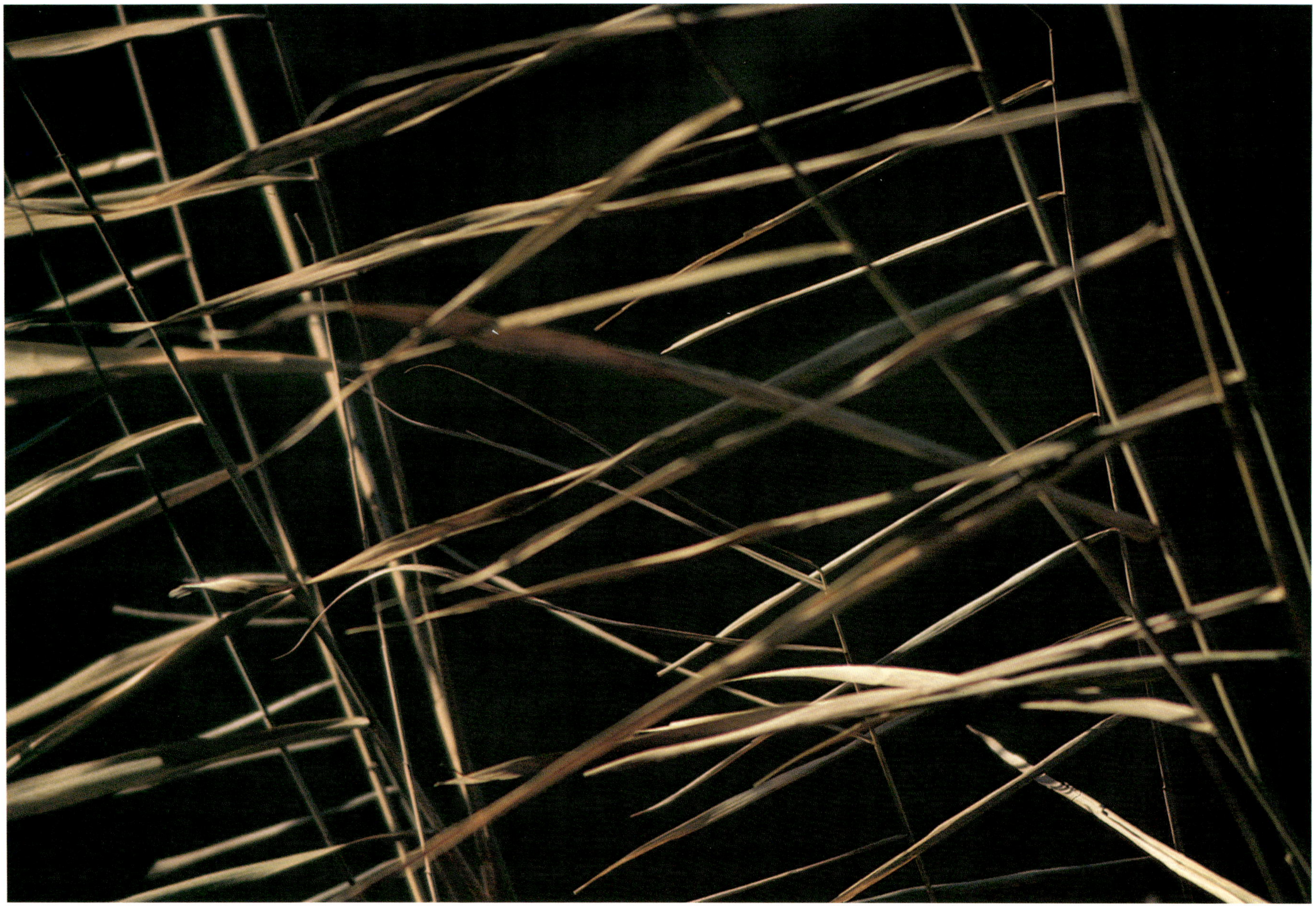

111

112

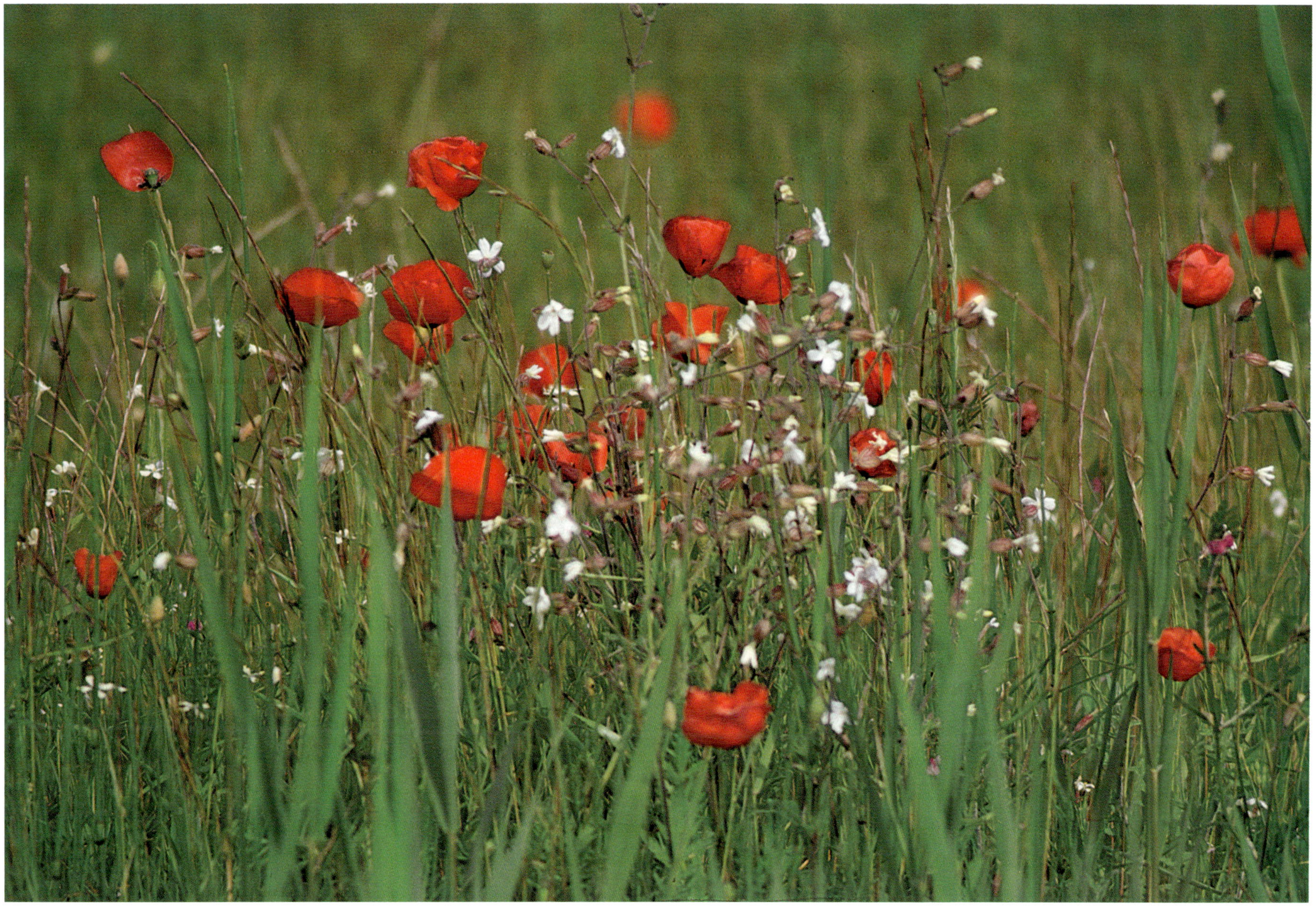

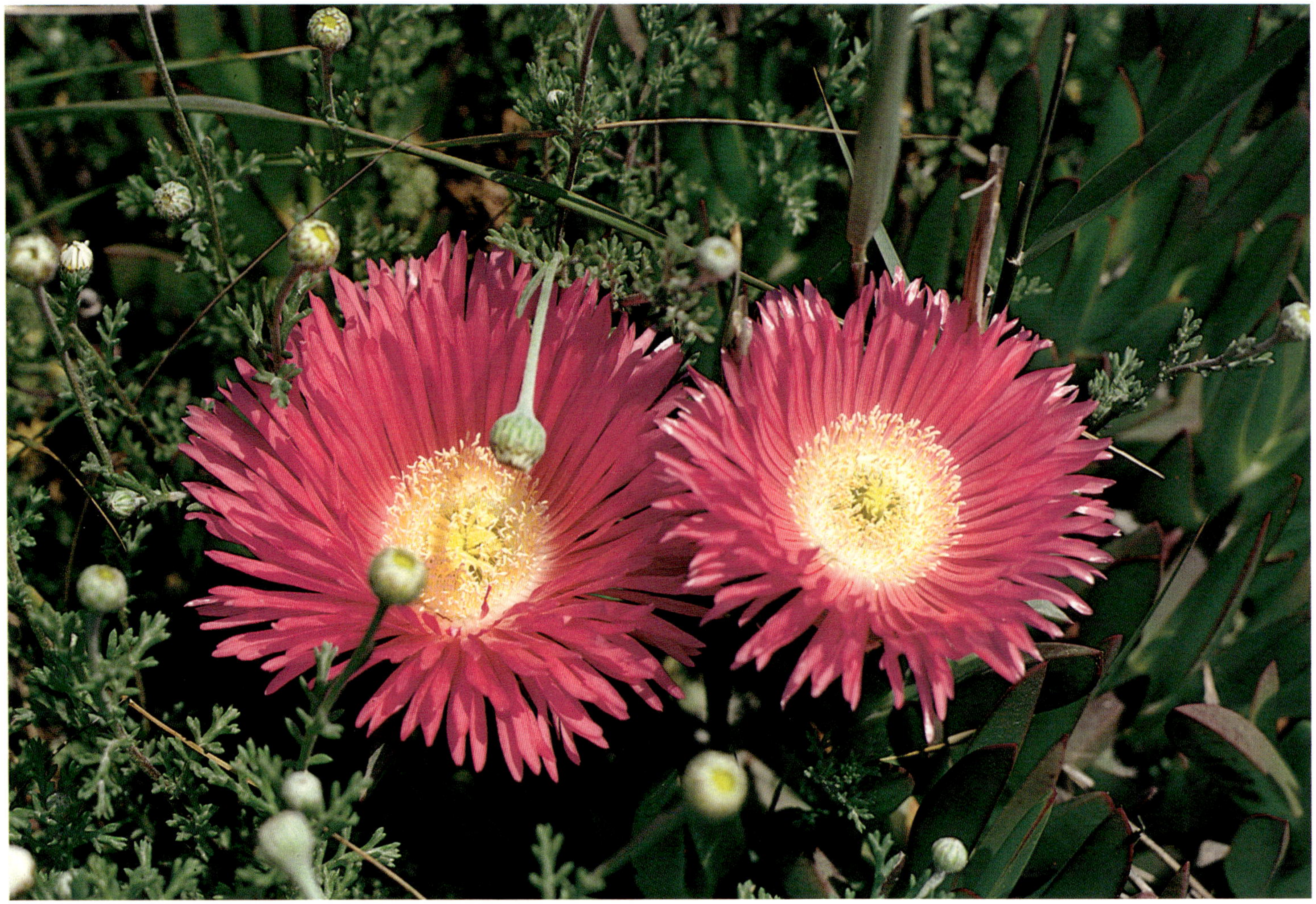

115

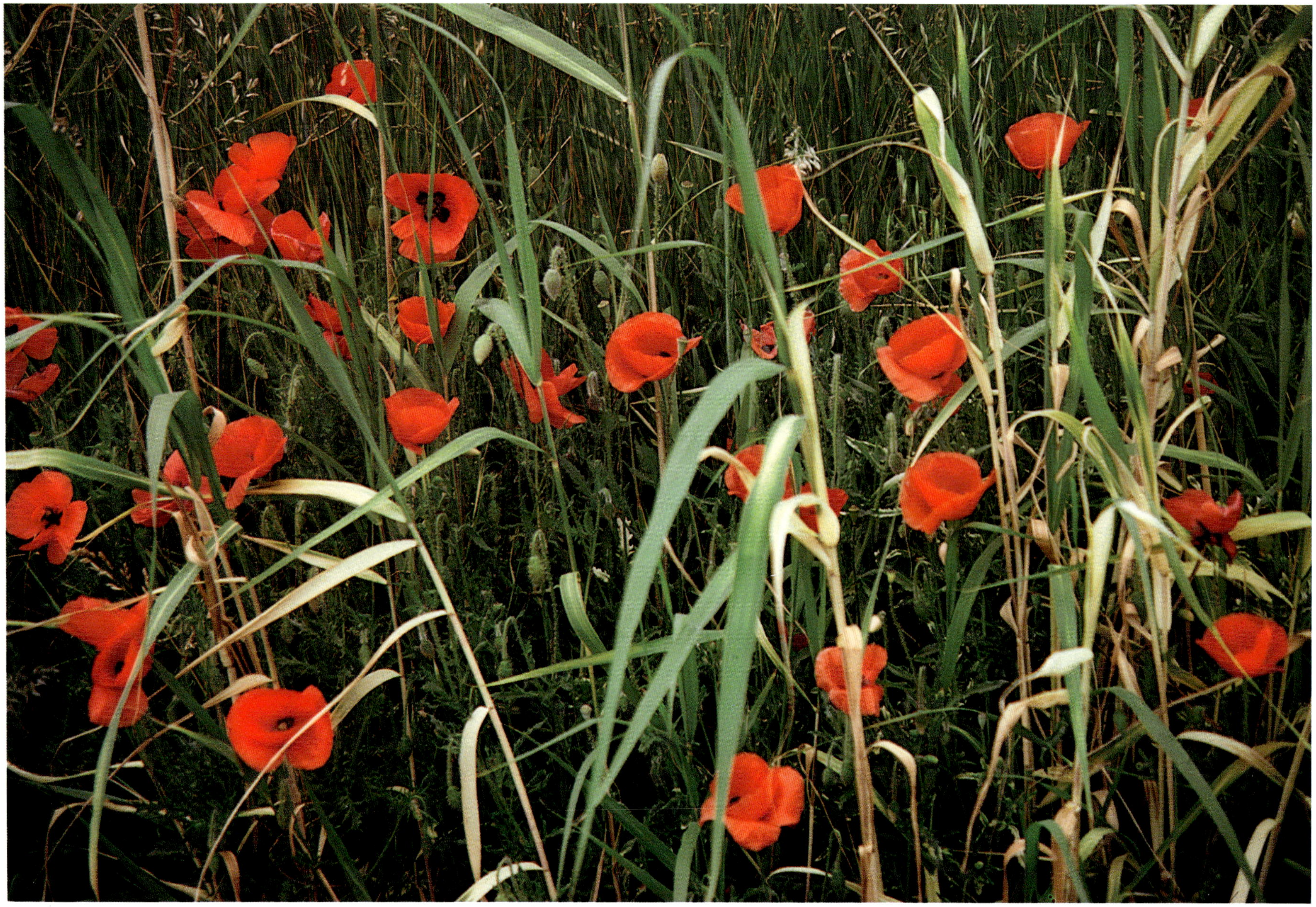

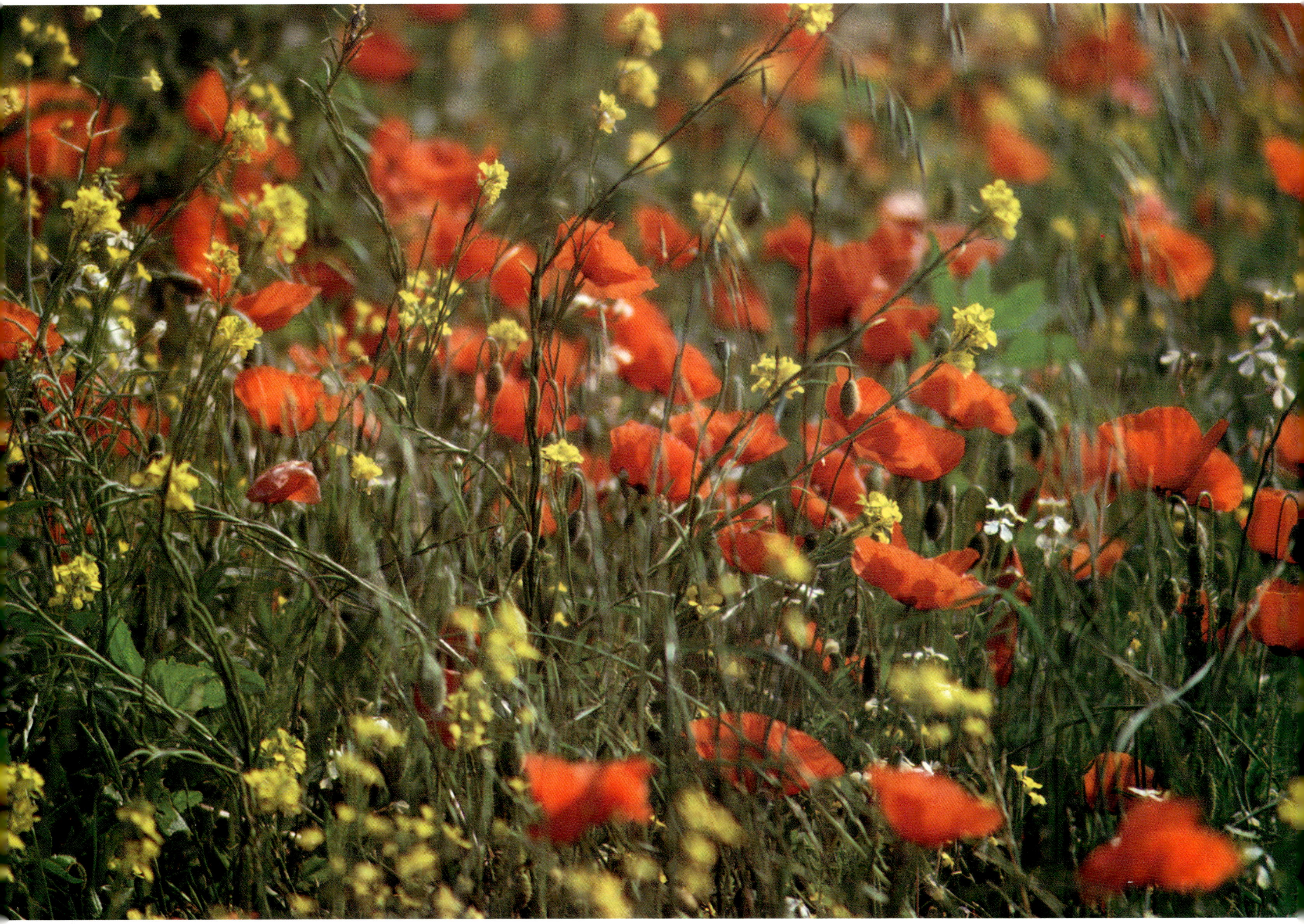

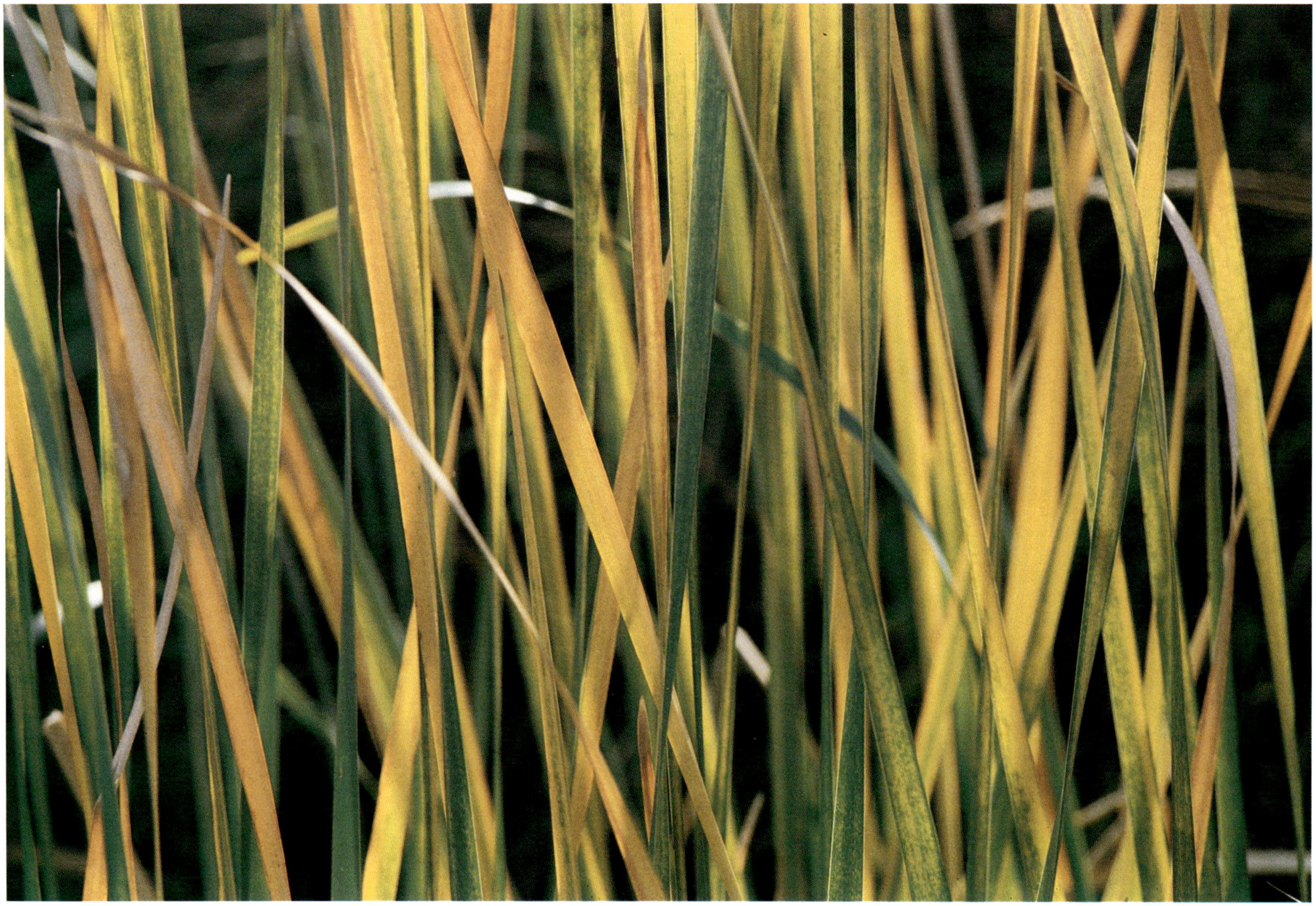

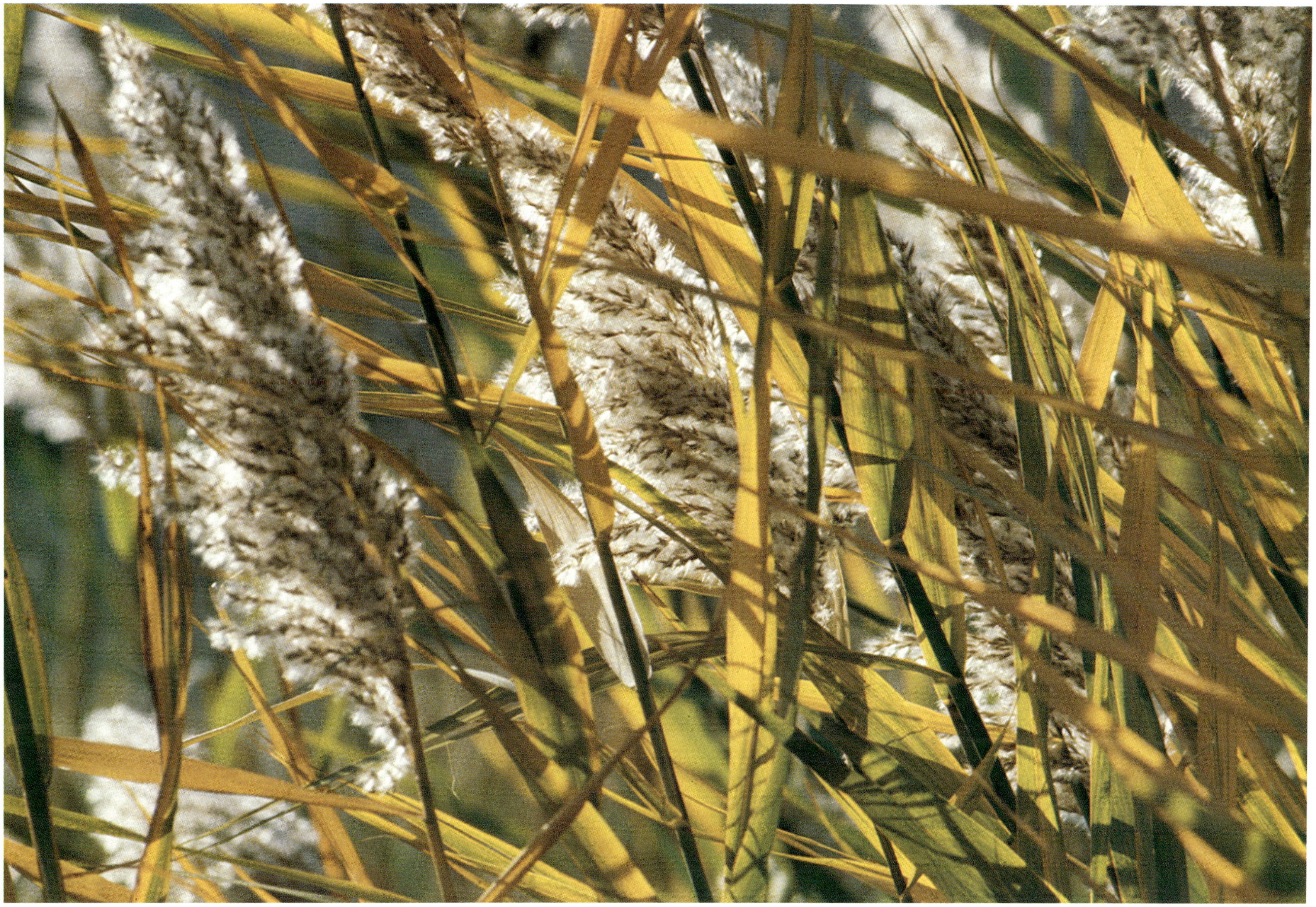

120

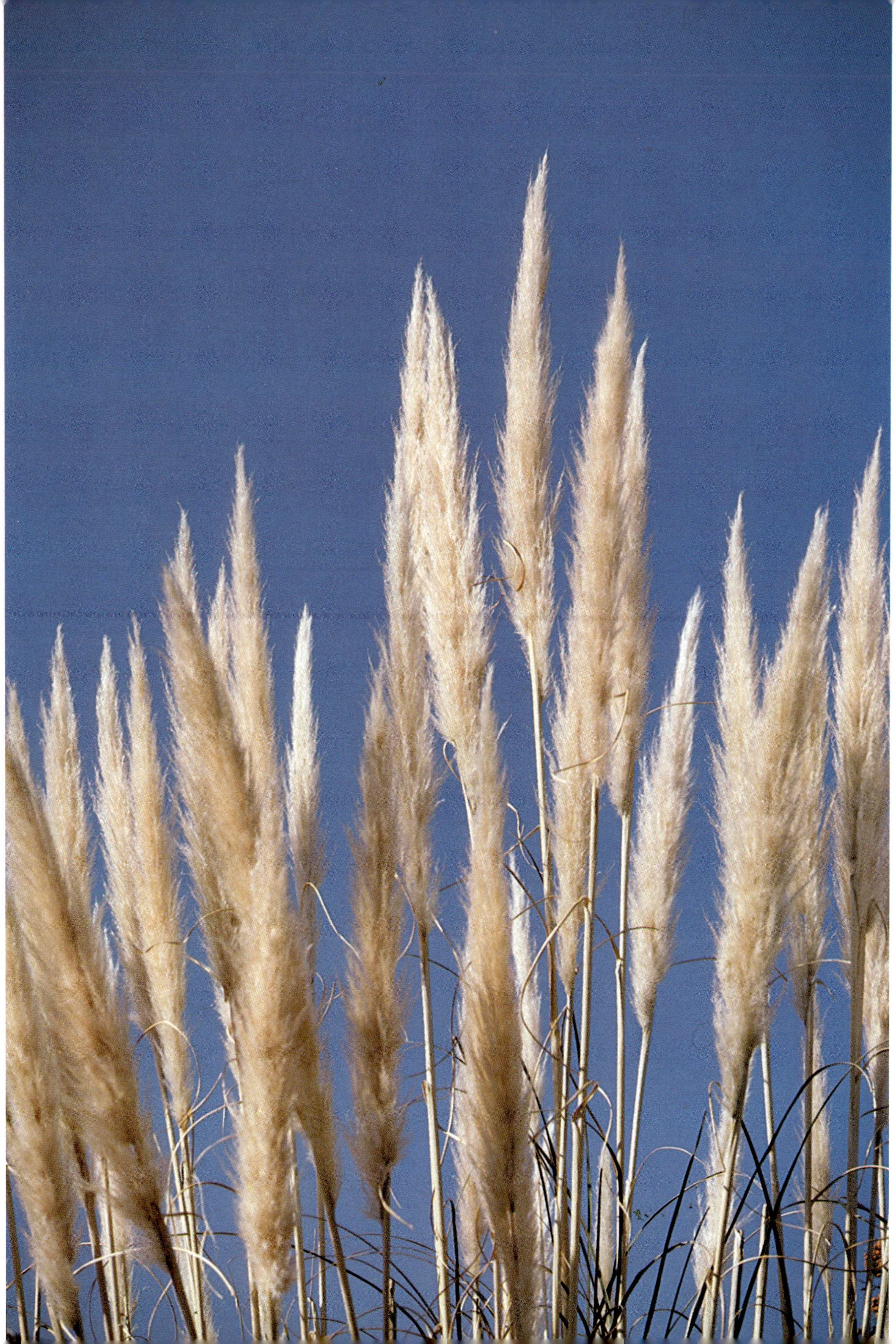

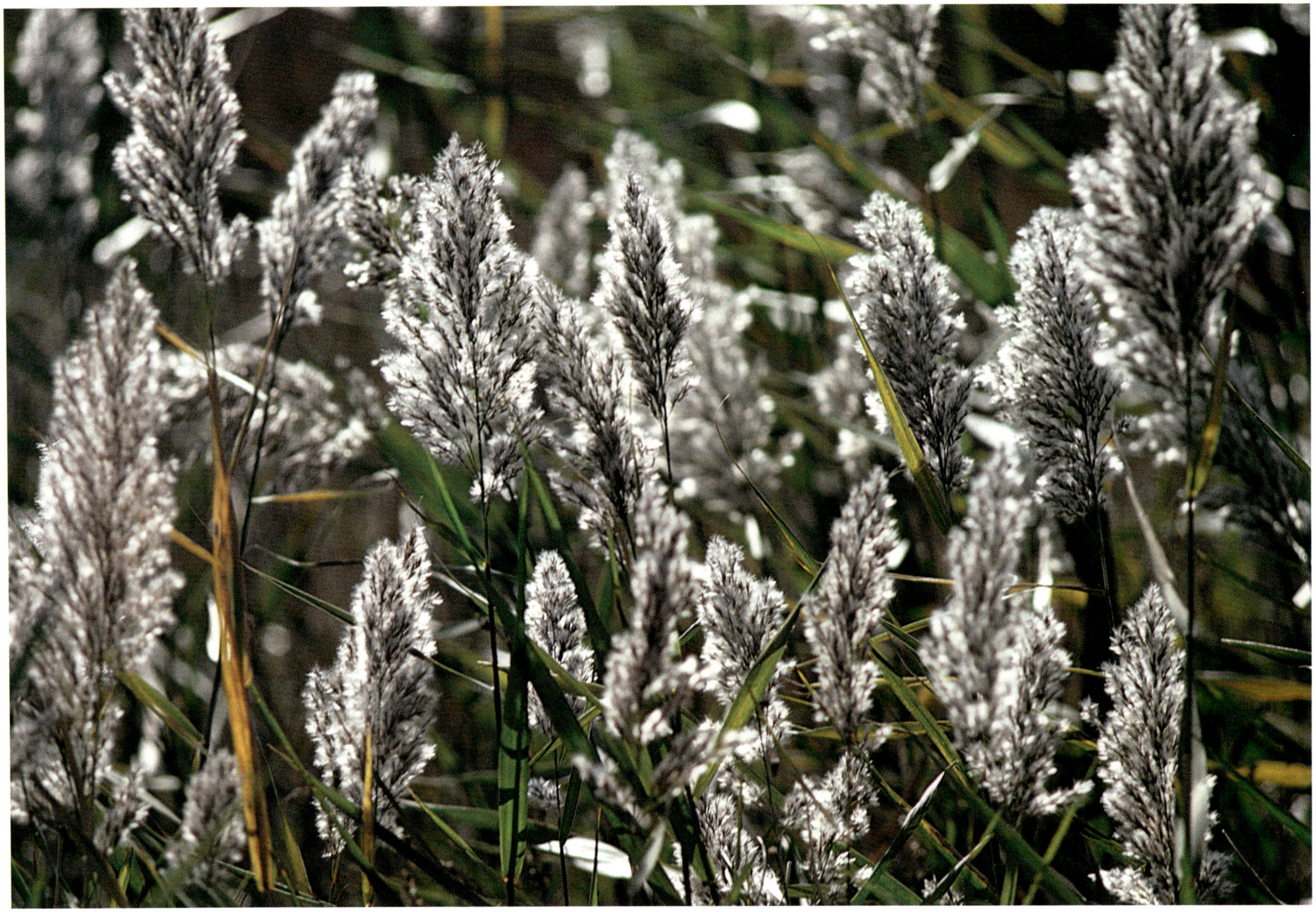

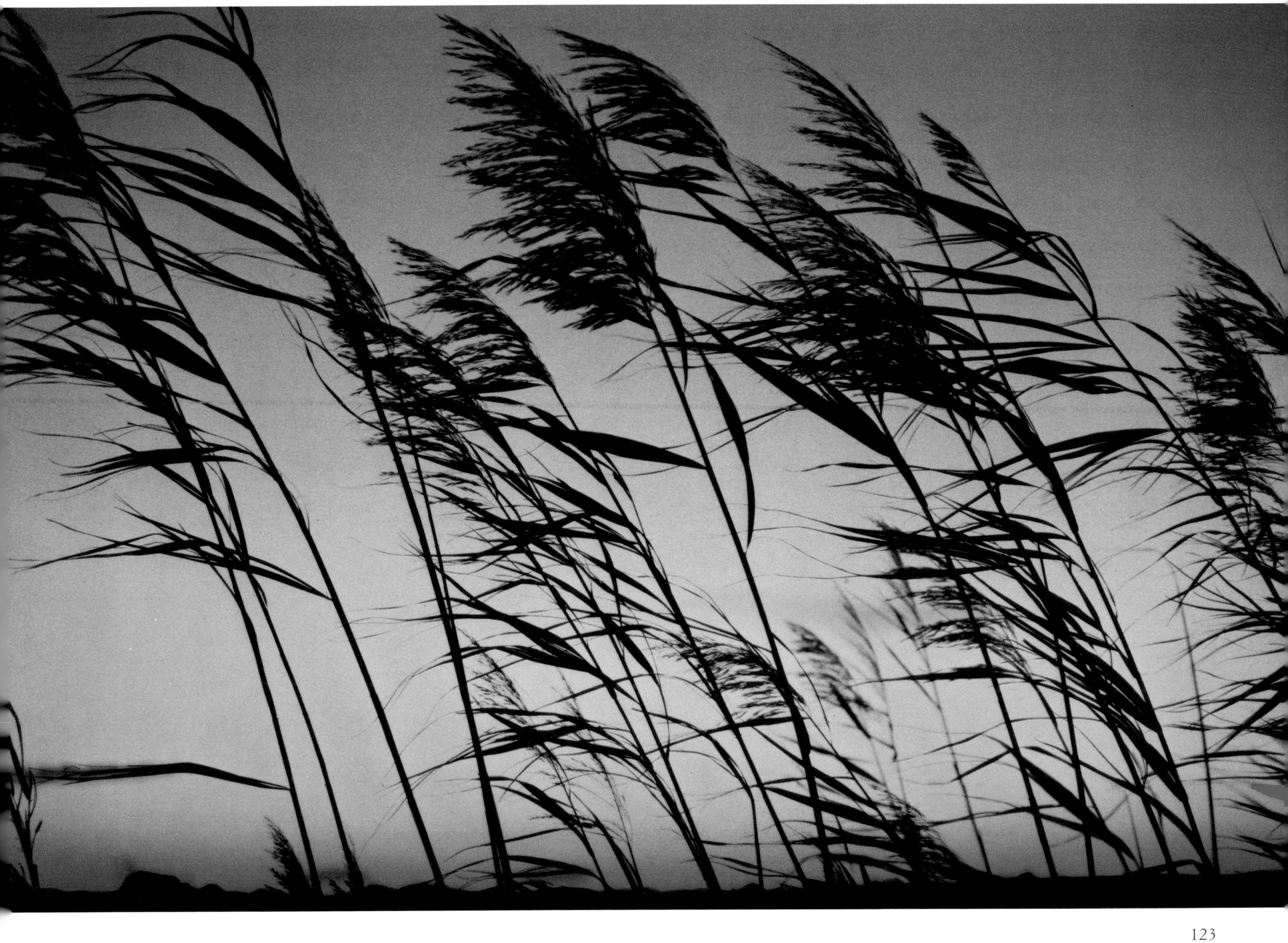

8. Bäume und Sträucher

Wenn einem Menschen bescheinigt wird, er sei wie ein Baum, so ist das ein Kompliment. Bäume sterben aufrecht, heißt es, Bäume sind Wesen mit einem eigenen Charakter, über Bäume ließe sich philosophieren, über die Bäume der Camargue gäbe es Romane, die noch zu schreiben wären.

Sie trotzen dem Wind, sie zeigen bizarr verformte Äste, der Sturm hat ihre Stämme krumm gebogen, sie trotzen der Gewalt, sie sind stärker, zäher, sie passen sich an. Überflutetes Land, ausgetrocknete Erde, prallglühender Sommer und froststarrender Winter, die Bäume überdauern alles. Nackte Zweige, die sich in den eisigen Winterhimmel recken, zeigen wenige Monate später zartes Grün, der Herbst läßt sie noch einmal aufleuchten, bevor das welk gewordene Laub zu Boden sinkt. Jahr um Jahr dasselbe, die Bäume stehen und wachsen, langsam, und wenn sie einmal sterben, dann aufrecht.

Sie überdauern alles und sind Symbol für den Menschen, dem das mitunter recht schwerfällt. Die Bäume der Camargue sind ein Beispiel für die Beständigkeit. Was folgt auf dunkle kalte Wintertage denn, Frühling natürlich und neue Hoffnung...

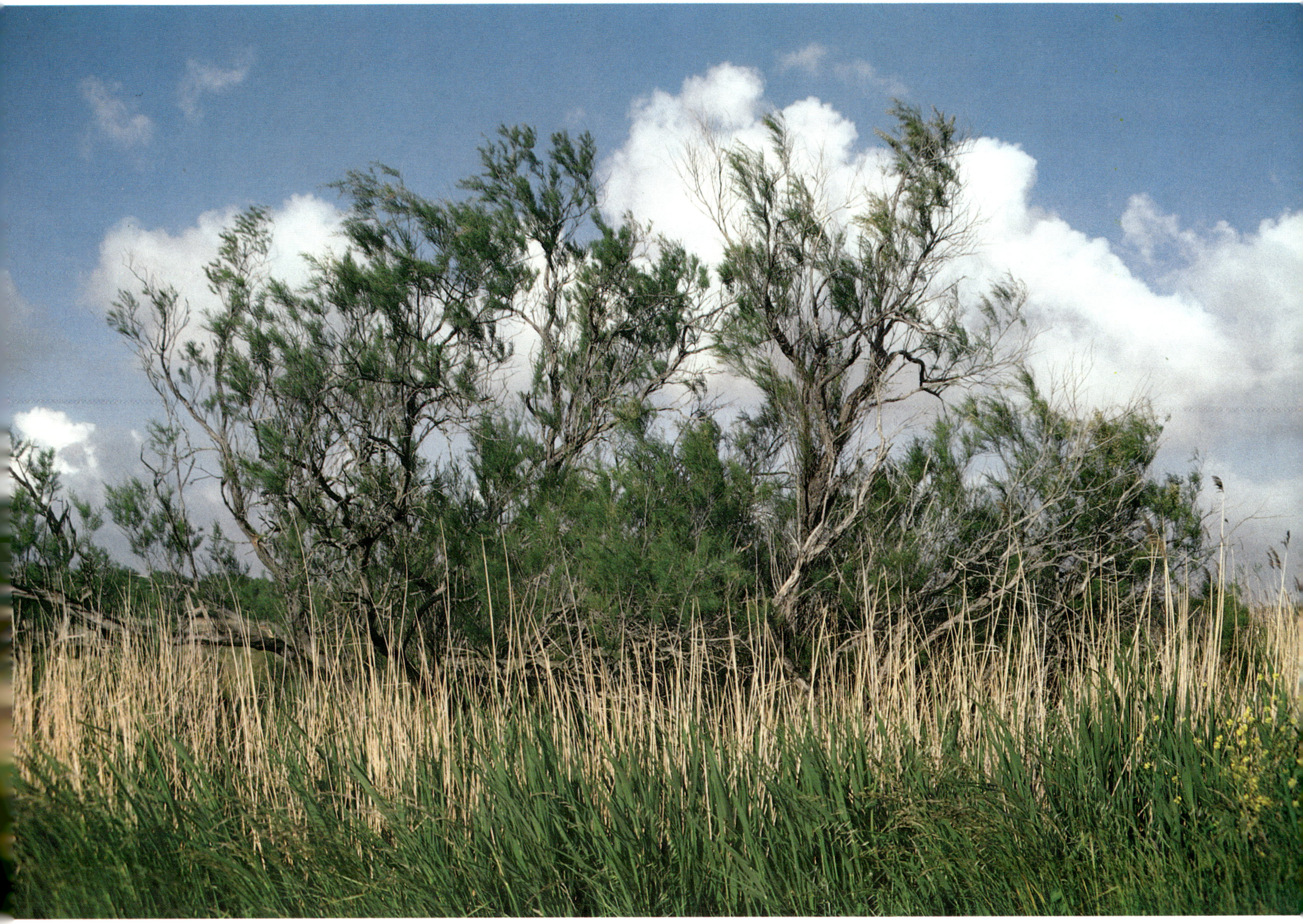

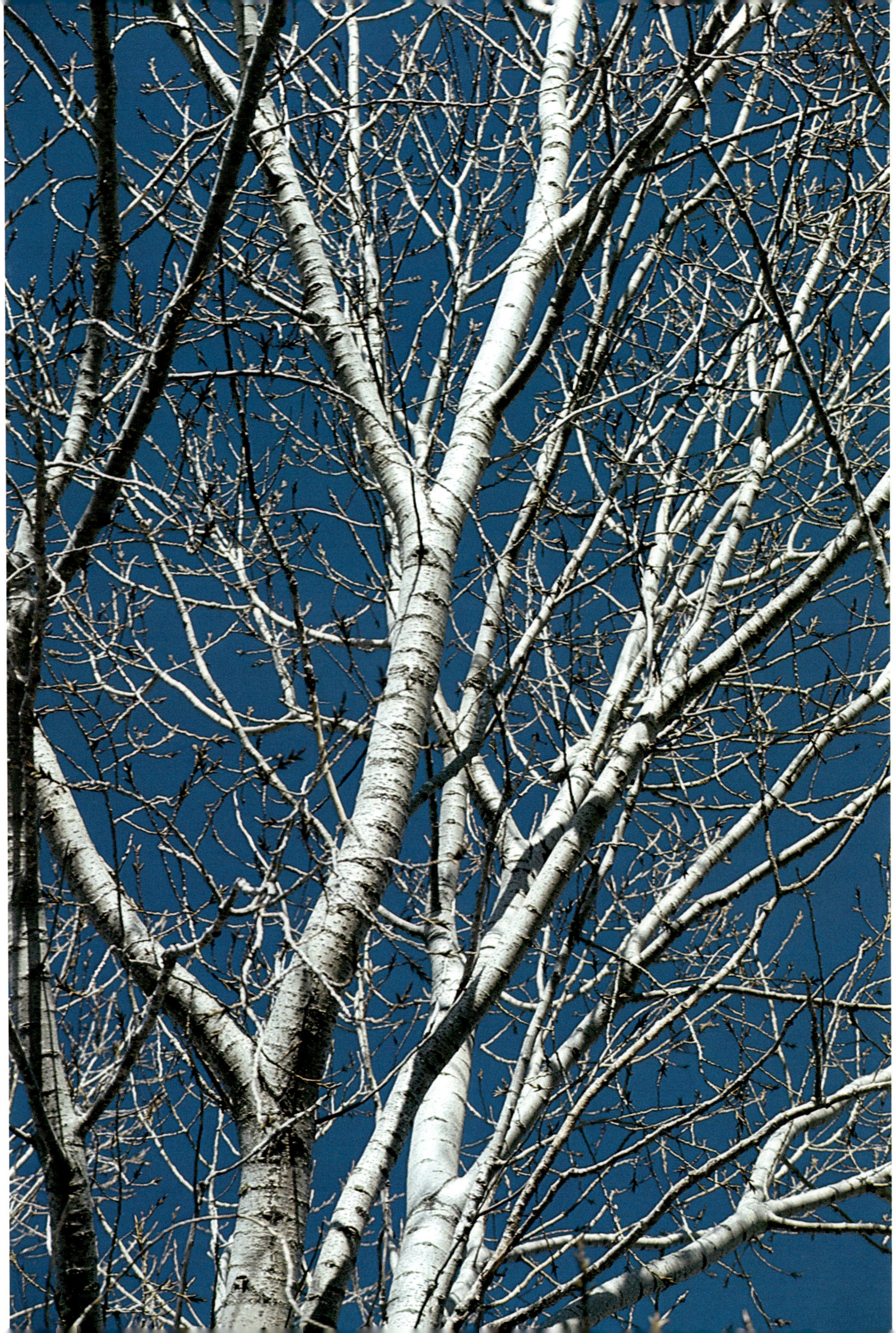

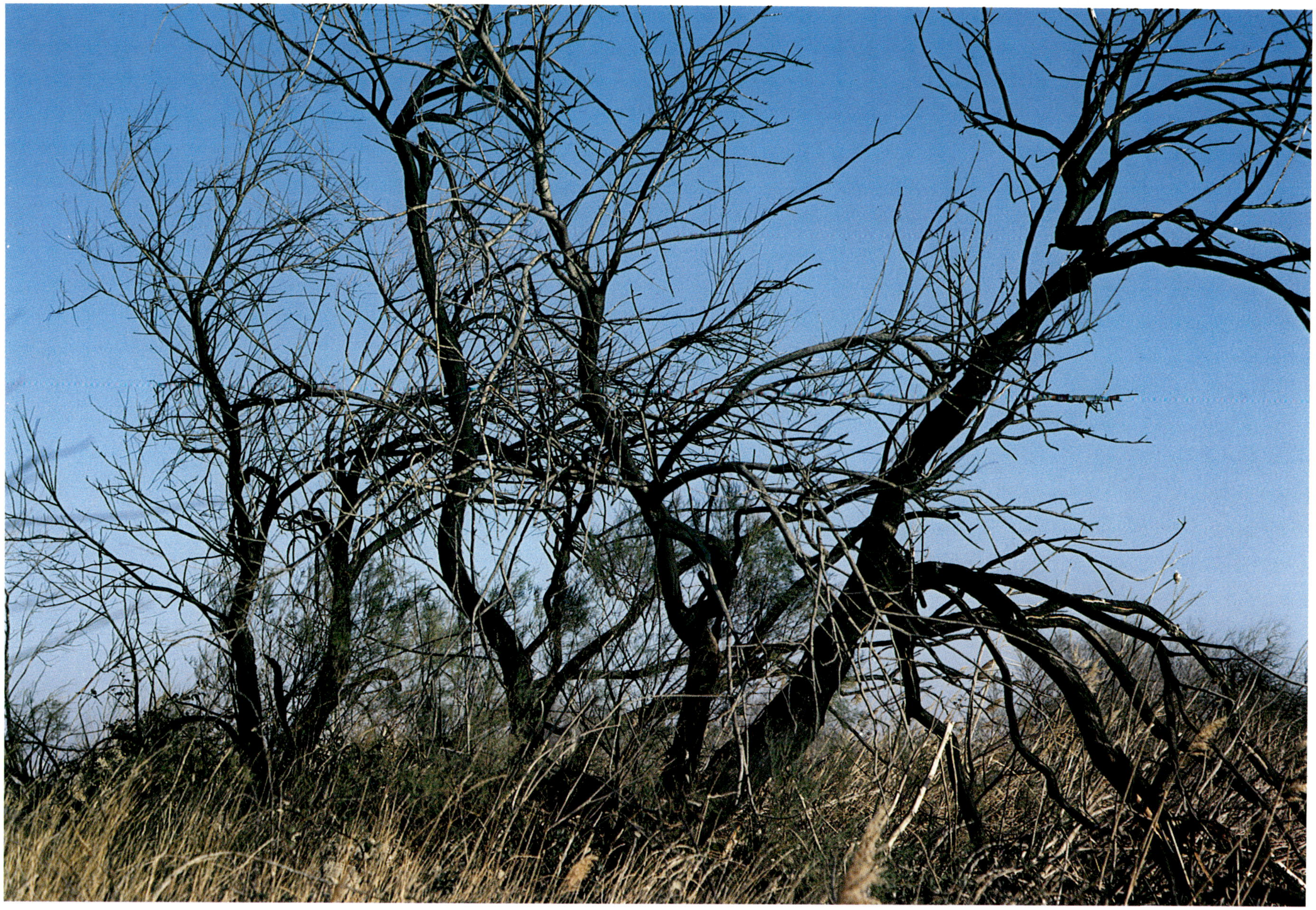

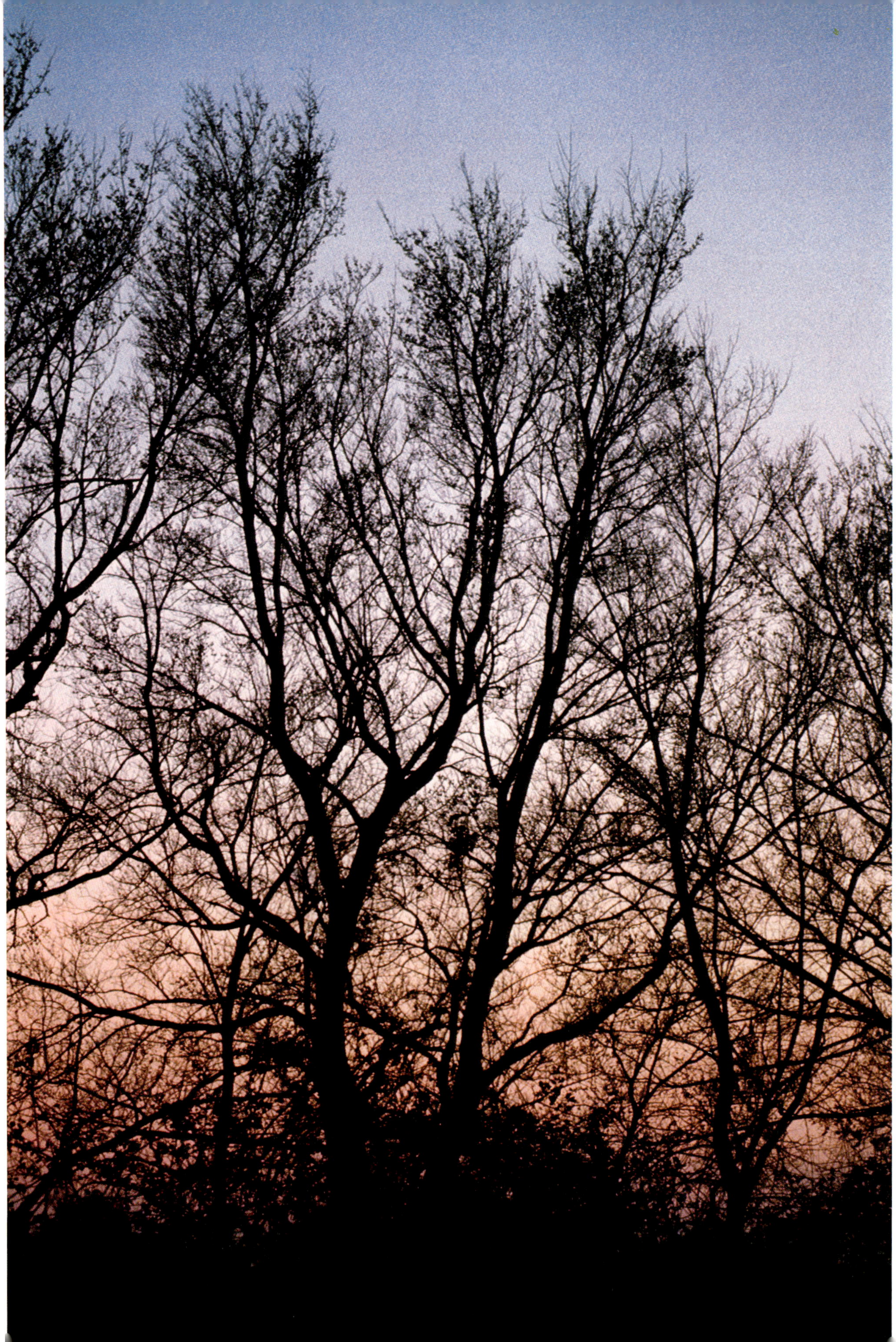

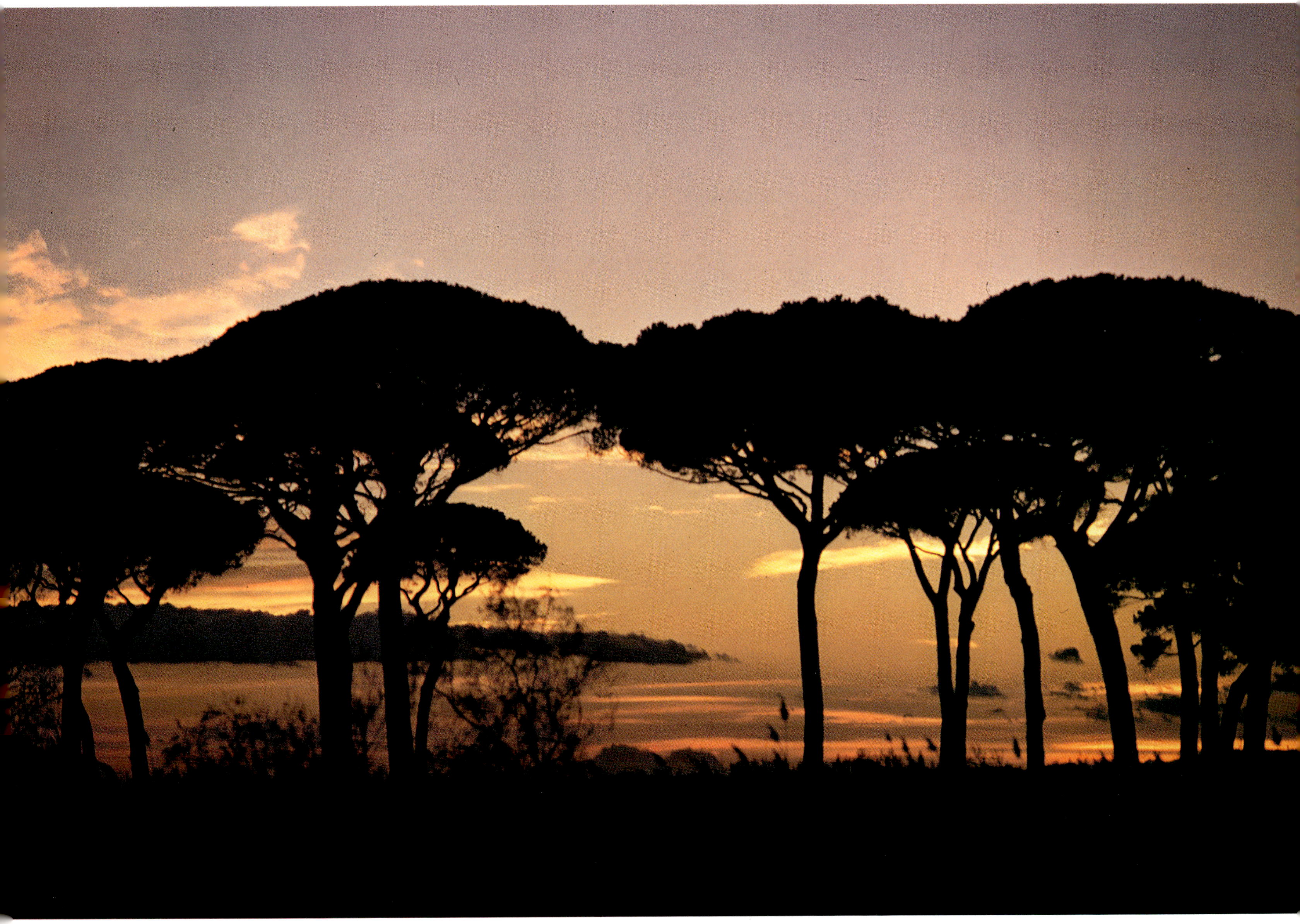

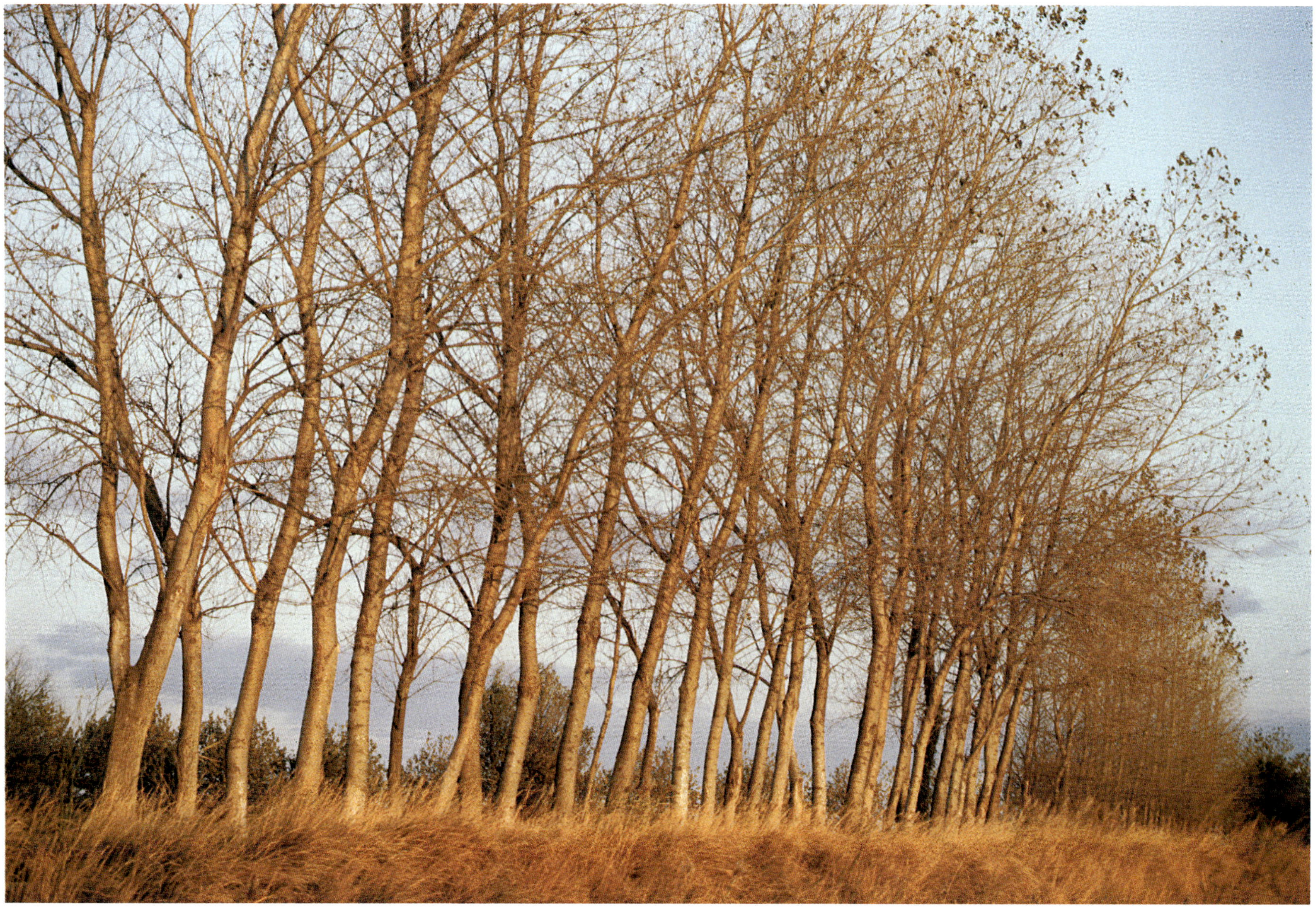

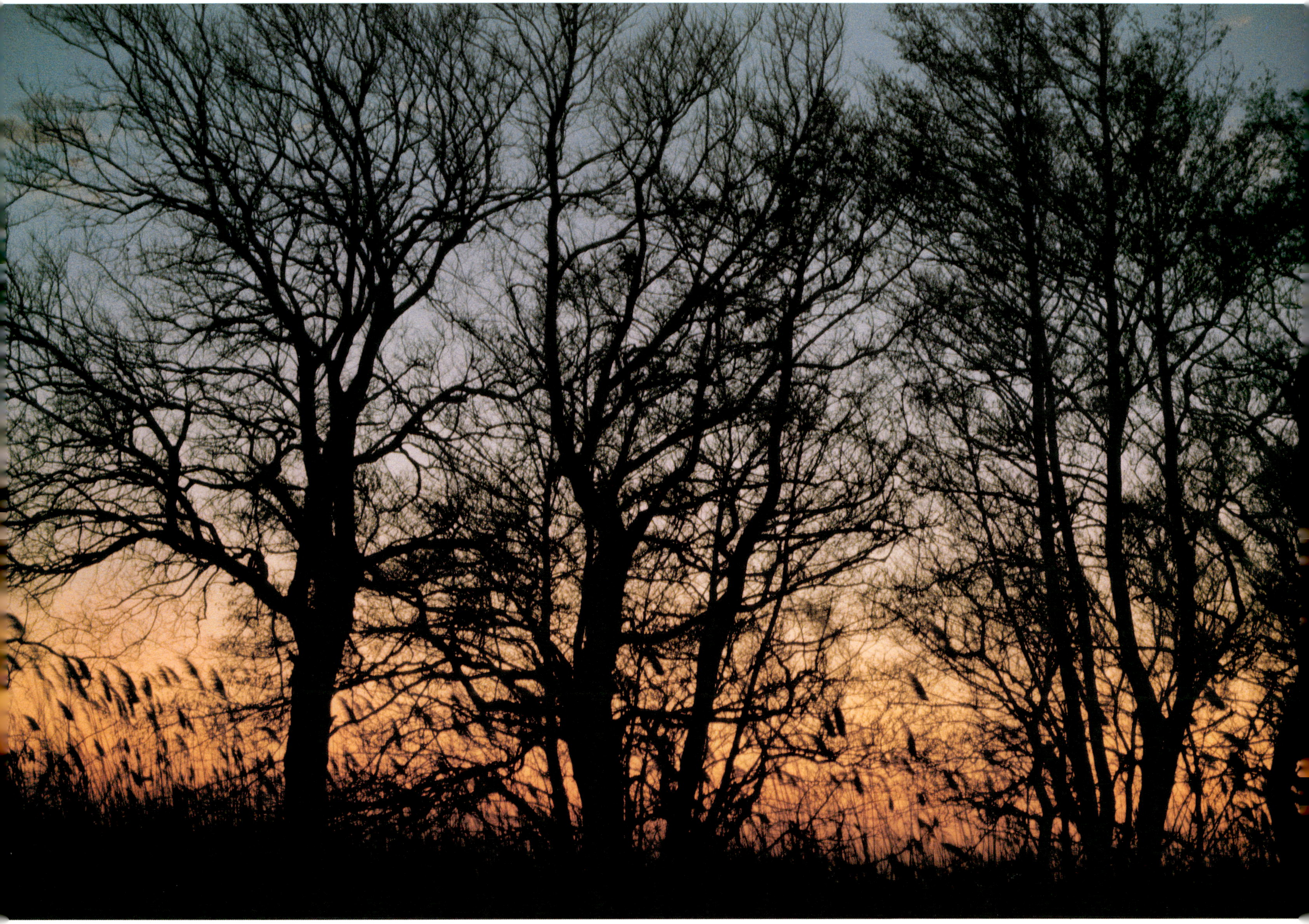

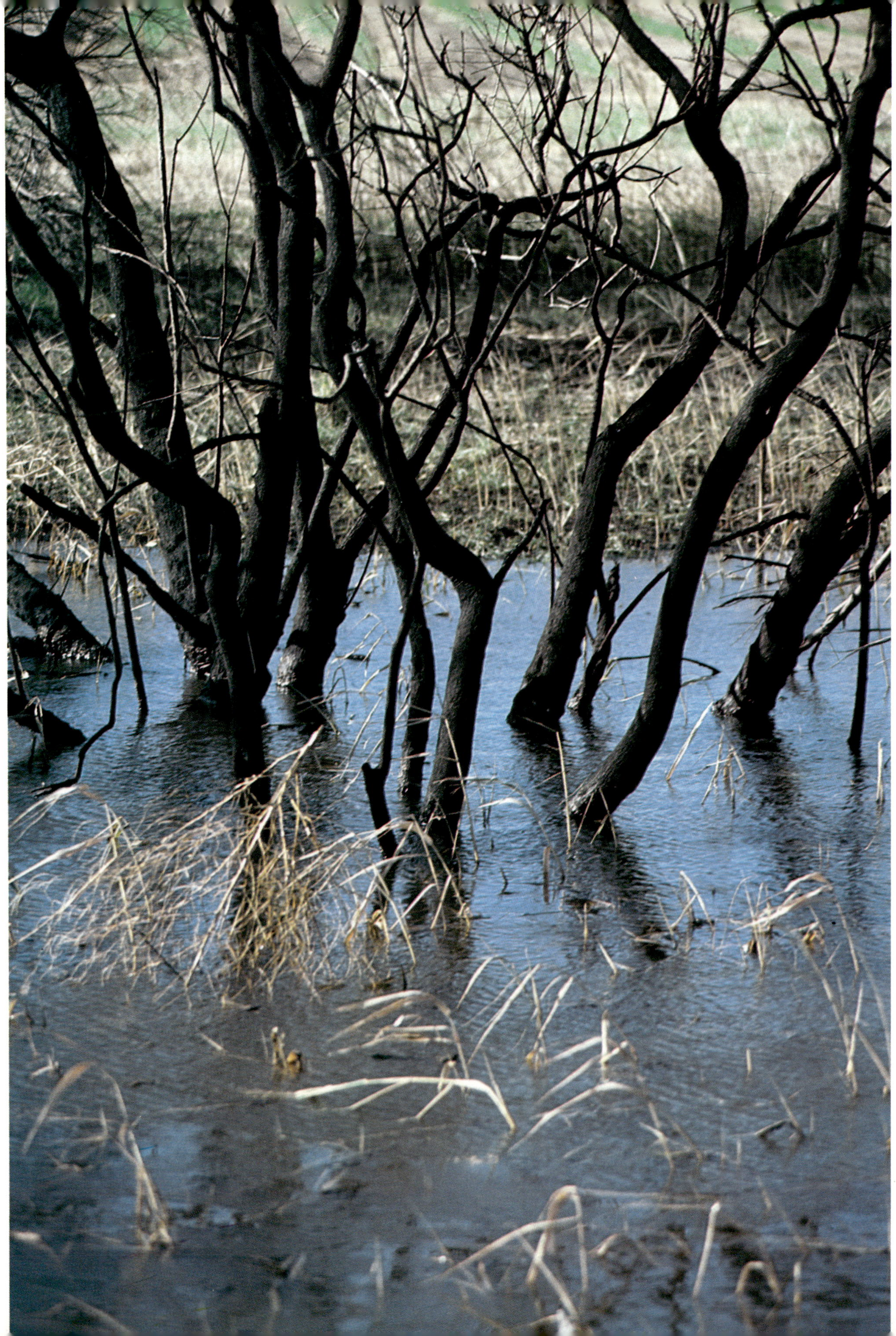

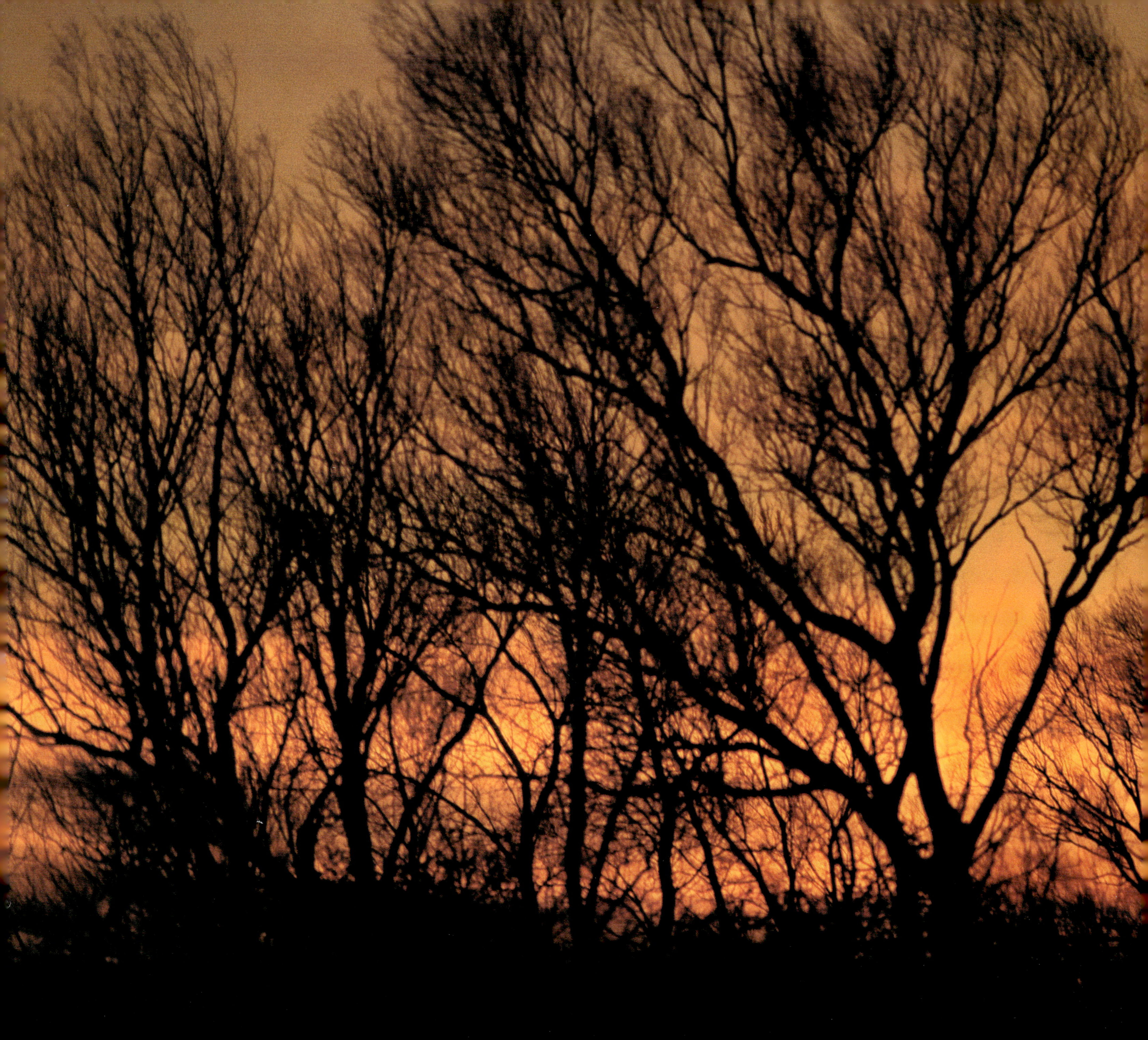

Bildunterschriften

1. Ein Blick auf den „Grand Couvin", Sansouire: Wasser mit hohem Salzgehalt bedeckt den tonhaltigen Grund, wildwachsende Kornelkirschen gedeihen hier.

2. An der Nordseite des Étang du Vaccarès: Schilfrohr, das der Wind beugt.

3. Still und unberührt, ein Kanal in der „Réserve des Impériaux".

4. Bewachsene Düne (oyat) am Strand bei Saintes-Maries-de-la-Mer.

5. Dünengras, silbrig und trocken.

6. Schilf am „Étang de Consécanière".

7. Der kleine Kanal bei Cacharel.

8. Aufgerissen von Sonne und Wasser, ein „Sansouire" bei Arnelles.

9. Die Uferböschung des Étang de Malagroy. Die in den Fluß gerammten Holzpfähle sollen die Ufer vor der Erosion durch die Wellen des Wassers schützen.

10. Sonnenuntergang über dem „Marais du Couvin".

11. Abenddämmerung über Pioch Badet.

12. Der Mistral bildet diese typischen Wolkenformationen wie hier bei „Cabanes de Cambon".

13. Der Kanal im Sansouire bei Cacharel prägt diese Landschaft.

14. Der „Étang du Vaccarès".

15. Vollmondstimmung am Nordufer des „Étang du Vaccarès".

16. Sonnenuntergang über dem Étang du Fournelet.

17. Abenddämmerung bei Albaron.

18. Ein wilder Hengst, fotografiert an der nördlichen Seite des „Étang du Vaccarès".

19. Pferde der Camargue; das Füllen hat noch das schwarze Fell.

20. Stutenfüllen.

21. Aufmerksam und mißtrauisch: Ein Pferd, das zum Gehöft Mas de Pan gehört.

22. Weidende Pferde bei Cabanes de Cambon.

23. Im Schilf bei Mas Cayet.

24. Ein Hauch von Freiheit: Camargue-Pferde beim Bac du Sauvage.

25. Im Schatten der Bäume des Étang de Malagroy.

26. Auf der Weide am Étang de Malagroy.

27. Jung und neugierig: Ein Pferd aus der Zucht des Gehöftes Mas de Pan.

28. Weidende Pferde bei Port Dromar.

29. Durstig: Eines der Pferde von Mas de Pan.

30. Mutter und Sohn, Nachwuchs auf Mas de Pan.

31. Auf der Weide am Étang de Malagroy.

32. Zuneigung oder Futterneid? Nur die beiden Pferde wissen es.

33. Pferde bei Bélugue.

34. Abwartend: Ein spanischer Stier in der Camargue.

35. Spanischer Stier.

36. Eine Herde von Stieren in der Sumpflandschaft von Basses Méjanes.

37. Stierherde bei l'Amarée. Der „Gardian" hoch zu Roß.

38. Kämpfende Stiere beim Étang du Vaccarès.

39. Spanischer Stier.

40. Eine Herde von Camargue-Stieren bei l'Amarée.

41. Die „Gardians" treiben die jungen Stiere zusammen, damit sie da Zeichen der Züchter eingebrannt bekommen.

42. Eine Furt im Teich bei Pont du Mort.

43. Rosa Flamingos in einem Kanal bei Cacharel.

44. Harmonie zu zweit: Flamingos.

45. Möwenschwarm am Ostufer des Étang du Vaccarès.

46. Ein Silberreiher in der Kanallandschaft bei Clair de Barrachin.

47. Möwen über dem Étang du Vaccarès.

48. Entenpärchen in einem der Kanäle bei Cacharel.

49. Enten-Spiegelbilder.

50. Entenkolonie am Étang du Vaccarès.

51. Rosa Flamingos in einem Weiher bei Saintes-Maries-de-la-Mer.

52. Möwenschwarm.

53. Silberreiher im Schilf.

54. Ein friedliches Bild vollendeter Schönheit — rosa Flamingos bei Arnelles.

55. Zum Flug bereit: Rosa Flamingos am Étang de Pilure.

56. Fischreusen und ausgelegte Netze in einem Kanal bei Clair de Barrachin.

57. Fischreusen am Ufer des Étang des Massoucles.

58. Früh am Morgen holt der Fischer seine Netze ein.

59. Bereit zum Ausfahren: Fischerboote am Ufer des Étang des Massoucles.

60. Fischer beim Fang.

61. Fast ein grafisches Gemälde — Fischernetze im Étang de l'Impérial.

62. Fischernetze, bereit zum Auswerfen.

63. Nach dem Fang — Fischernetze am Étang de Malagroy.

64. Fischerboote am Étang de l'Impérial. Anstelle der Ruder benützen die Fischer lange Stangen zum Fortbewegen der Boote.

65. Ein Fischer bereitet die Reuse zum Auslegen vor.

66. Nach dem Fang — die Beute wird nach Größe und Sorte aufgeteilt.

67. Schafe bei Villeneuve.

68. Schafherde am Ufer der Petit Rhône.

69. Weidende Schafe bei Villeneuve.

70. Abenddämmerung auf der Schafweide bei Villeneuve.

71. Weinstöcke bei Albaron — Die Rebanlagen werden alljährlich geflutet, um sie von Ungeziefer zu befreien.

72. Nicht gleich auf den ersten Blick zu erkennen: Weinstöcke bei Albaron.

73. Weinreben — alte Stöcke und junger Austrieb bei Albaron.

74. Weinstöcke, einmal oben, einmal im Wasserspiegel.

75. Reisfelder im Domaine de Méjanes.

76. Kein idyllischer Waldteich, sondern Reisfelder.

77. Eine „Cabane", Hirtenunterkunft, Stall, am Ostufer des Étang des Launes.

78. Das „Kreuz der Ochsenhüter" (Croix gardianne) an der Straße, die von Albaron nach Méjanes führt.

79. Die „Cabanes" von Romieu bei Villeneuve.

80. Trutzig wie eine Burg, die Wehrkirche Notre-Dame-de-la-Mer.

81. Detailaufnahme der Apsis von Notre-Dame-de-la-Mer.

82. Im romanischen Stil der Provence erbaut, die Wehrkirche Notre-Dame-de-la-Mer bei Saintes-Maries, stammt aus dem 12. Jh.

83. Kruzifix am Kriegerdenkmal auf dem Platz J. d'Arbaud in Saintes-Maries.

84. Eine „Cabane" bei Saintes-Maries.

85. „Mas Carrelet", ein kleines Landhaus bei Méjanes.

86. Reiterstaffel der alljährlich stattfindenden Festprozession am 25. Mai zu Ehren der Muttergottes in Saintes-Maries. Es ist dies auch die traditionelle Zigeunerwallfahrt, zu der Zigeuner von weither kommen.

87. Kostbar bekleidete Heiligenstatuen werden in der Prozession mitgetragen.

88. Mädchen in provenzalischer Tracht bei der Prozession.

89. Vater und Tochter hoch zu Roß.

90. Unverkennbar — Mutter und Tochter in ihren Festtrachten.

91. Kleines Mädchen und großes Pferd, beide verstehen sich gut.

92. Am Weg zur Prozession.

93. „Parkplatz für Pferde" nach der Prozession.

94. Abrivado: Eine Gruppe von Reitern galoppiert dicht aneinandergedrängt durch Saintes-Maries. Dazwischen laufen einige junge Stiere mit.

95. In der Arena von Saintes-Maries.

96. Die „Raseteurs" müssen eine Bandschleife entfernen, die sich zwischen den Hörnern des Stieres befindet.

97. „Portugiesischer Stierkampf" in der Arena von Saintes-Maries.

98. Spannung liegt über der Arena: Wer wird siegen?

99. Feriengäste mit der Pferdekutsche unterwegs in der Domaine de Méjanes.

100. Reiterurlaub in der Provence ist ein Erlebnis, das man nicht so rasch vergißt.

101. Wehendes Blondhaar, wehende Mähne in Weiß, Reiterglück in den Ferien.

102. Pause während des Ausrittes.

103. Vom Wellenspiel umspült, Weiden am Fluß.

104. Gräser, nur Gräser...

105. Winzige Tupfen in Weiß, Wasserblüten.

106./107. Die Sträucher blühen...

108. Spiegelbilder.

109. Grafik, in der Landschaft gewachsen.

110. Schilf.

111. Schilfrohrbüschel.

112. Natur in Pinkrosa.

113. Mohnblüte.

114. Der Sonne entgegenblühen.

115. Nur eine Distel...

116. Mohn.

117. Wiese in Rot und Gelb.

118. Studie in Gras.

119. Schilf im Herbst.

120. Schilfgürtel.

121. Herbstzeit im Schilf.

122. Reife.

123. Der Mistral ist immer dabei.

124. Knorrig und beständig, Bäume der Camargue.

125. Frühlingszeit.

126. Geformt vom ewigen Wind.

127. Abenddämmerung.

128. Schirmpinien.

129. Frühlingsgrün.

130. Sonnenuntergang.

131. Frühlingsfluten.

132. Die Sonne läßt das Land erglühen.